和创造世界名牌的人
『 一起放飞梦想』

给世界装上轮子的福特

gei shijie zhuangshang lunzi de fute

◇ 黄晓丽◆编著

福特 蒙迪欧-致胜

吉林出版集团有限责任公司

图书在版编目（ＣＩＰ）数据

给世界装上轮子的福特 / 黄晓丽编著. -- 长春 :吉林出版集团有限责任公司，2013.11

（和创造世界名牌的人一起放飞梦想）

ISBN 978-7-5463-6962-4

Ⅰ.①给… Ⅱ.①黄… Ⅲ.①福特，H.（1863～1947）—生平事迹—青年读物②福特，H.（1863～1947）—生平事迹—少年读物 Ⅳ.①K837.125.38-49

中国版本图书馆CIP数据核字（2013）第269069号

给世界装上轮子的福特
GEI SHIJIE ZHUANG SHANG LUNZI DE FUTE

编　　著：	黄晓丽
项目负责：	陈　曲
责任编辑：	陈　曲
出　　版：	吉林出版集团股份有限公司
发　　行：	吉林出版集团社科图书有限公司
电　　话：	0431-81629727
印　　刷：	北京一鑫印务有限责任公司
开　　本：	710mm×960mm 1/16
字　　数：	100千字
印　　张：	12
版　　次：	2014年3月第1版
印　　次：	2019年7月第2次印刷
书　　号：	ISBN 978-7-5463-6962-4
定　　价：	23.80元

如发现印装质量问题，影响阅读，请与出版方联系调换。0431-81629727

梦想与生命共存　传奇与我们同在

当你拥有这套《和创造世界名牌的人一起放飞梦想》系列丛书并真正读懂它的时候，祝贺你，你已经向成功又迈近了一大步，并可以为自己的人生勾画一张蓝图了。

开卷有益，我们不是猎奇，不是对世界名人和超级品牌的奇闻轶事简单地一声惊叹，而且通过阅读，让我们的视野变得更加开阔，让我们能够更好地认识这个世界，并找到适合自己的成功之路。

这是一套全方位满足你阅读愿望的好书，文字鲜活，引人入胜。这里有商界巨鳄的传奇创业故事，也有他们普通如你我的日常生活，当你随着一行行文字重走他们的人生之路时，你的心一定会在波澜起伏中感到一种快意。或许他们的成功不能复制，但是他们的坚韧、执着、宽容——这些成功的要素，我们可以复制。

通过阅读名人的成长故事，重温名人的创业之路，我们会发现，健全的人格、自由的意志、高远的理想、敢于实践的勇气、高瞻远瞩的见地、坚毅勇敢的性格、理性处世的原则、独立思考的习惯、幽默风趣的表达方式……一个人成功的诸多要素都以具体而形象的方式展现在你的面前。

每个人都有自己的生活轨迹，然而成功之路殊途同归，这一路上你的行囊里必须要装入梦想、希望、宽容和坚韧。

请给自己一个梦想吧！梦想是成功的种子，梦想是希望的支点。从这套书中你会发现，每一个了不起的品牌里都承载了品牌创始人那激越的梦想。是梦想，让他们充满激情，斗志昂扬；是梦想，在困境中带给他们希望，让他们有了坚持下去的勇气；是梦想，激励他们不断向前进！

为梦想不懈地努力吧！从这套书中你会明白，任何人的成功都不会一帆风顺，在鲜花和掌声的背后，有太多不为人知的痛苦。那些创业中的失败、徘徊和挫折，对我们来说更具有启迪的价值。真正的勇敢者，并不是无所畏惧，而是在面对挫折的时候，能及时调整自己，正视艰难困苦，不放弃希望。所谓成功，不过是努力的另一个名字罢了。

伟大的戏剧家莎士比亚曾说："一个最困苦、最卑贱、最为命运所屈辱的人，只要还抱有希望，便无所怨惧。"

生命只有一次，让我们在阅读中汲取无穷的力量吧！《和创造世界名牌的人一起放飞梦想》系列丛书会带你走进一个传奇世界，仔细阅读并把你的梦想付诸实践，你也许会成为下一个传奇。

带上我们的梦想启程，为我们璀璨夺目的人生而奋斗！

目录
Content

前　言
Introduction

　　110年前福特汽车公司的成立，被誉为是美国建国200年历史中排名前10位的大事件，其影响力甚至可以和"阿波罗号"宇宙飞船登月、原子弹爆炸等事件相媲美。

　　百年风雨，百年福特，在汽车公司林立的今天，福特仍是全球最大的汽车制造商之一。

　　在世界名人录里，总也少不了亨利·福特这个响亮的名字。1999年，《财富》杂志将福特汽车公司的创始人亨利·福特评为"20世纪商业巨人"，以表彰他和福特汽车公司对人类工业发展所做出的杰出贡献。

　　亨利·福特这个屡败屡战的斗士，是从失败的废墟中站起来的巨人，用一生书写着不屈不挠的生命传奇。

　　谁都想不到，在亨利·福特83年的生命中，有一个灰色的名词常常和他相伴——失败。虽然人们常说"失败是成功之母"，但是在一个长长的生命轨迹中，经常性的失败会让人感到沮丧。而亨利·福特之所以被称为"巨人"，最重要的原因

就是在失败面前，他超凡的勇敢与顽强，因此，在不断的失败中站起来的人还有一个名词与之相伴，而且更为持久，那就是——成功。

海明威在他的不朽名著《老人与海》中，借圣地亚哥之口阐发了一句名言：人，不是为失败而生的，一个人可以被毁灭，但是不可以被打败。就好像在大海里孤独远航的圣地亚哥，成功者也不总是上帝眷顾的幸运儿，圣地亚哥一连87天一无所获的"霉运"，亨利·福特也有过，甚至时间更长。亨利·福特一生经历了三次重大的失败，每一次失败都足以让一个普通人彻底倒下，可是亨利·福特却总能在失败中找到新出路。

万事开头难，这话一点也不假，亨利·福特第一次涉足汽车领域就栽了一个大跟头。

1896年，亨利·福特制造出了他的第一辆汽车，并成立了底特律汽车公司，但这家公司很快就倒闭了，因为亨利·福特一心只想研究新车，而忽视了卖车。

一个人在乎产品的质量原本没有错，但是生产仅是商品流通的一个环节，产品的最终端还应该是消费者，如果忽视了消费者的存在，就注定是一个失败的商业过程。都说酒香不怕巷子深，但是没有把酒销售出去的能力，这些酒再好，也只能积压在酒窖里，它醇厚的香味也只能被少数人闻到。底特律汽车公司的产品就是一瓶瓶好酒，但是它们都被静静地安放在不为人知的地方，几乎没有展示自己的机会，作为商品，它们的不幸命运只能令人嗟叹了，所以亨利·福特的破产再自然不过。

顽强的亨利·福特很快又成立了自己的第二家公司，主要产品是充满速度和激情的赛车，但不久他因与资助者产生矛盾而离开了公司。此后这家公司被改名为凯迪拉克汽车制造公司，"凯迪拉克"的高贵与奢华让人侧目，可现在已经很少有人知道，这个著名的高档品牌，还有福特家族的元素。

豪情满怀的亨利·福特，经过几年的打拼并没有掘到人生的第一桶金，反倒是四处碰壁。不过他没有一蹶不振，他冷静地总结了自己的缺点。亨利·福特认为自己犯了一个致命的错误：装配再先进的汽车，如果不是大众需要的，就一文不值。当他又一次成立汽车公司的时候，他终于关注了产品的最终端——消费者，而他也终于品尝到了成功的滋味。

有时候，当时正确的事情未必正确，所以越是坚持，越是加深了错误，在对待员工和公司文化的建设上，亨利·福特就遇到了这种情况。

1903年，亨利·福特与11位投资者，以2.8万美元的资金建立了福特汽车公司。5年后，福特汽车公司推出了福特T型车，在汽车业小有名气。10年后，亨利·福特将流水线引入他的生产车间，从而大幅提高了生产效率，对汽车界产生巨大影响。这种装配量产概念，经济学家将之总结为"福特主义"。

亨利·福特积极推进每天8小时工作制，将工人的薪酬提高到每天5美元，这在当时堪称天价。此外，亨利·福特还奖励员工的发明创造，让他们从发明革新中得到不菲的报酬。他

觉得给工人付高薪就是对工人最大的肯定，所以亨利·福特固执地反对工会组织。尽管发生了工人的罢工事件，但亨利·福特依然我行我素，不为所动。直到1945年，亨利·福特离开他的公司时，福特汽车公司才成立了真正的工会组织。

晚年的亨利·福特反思自己的管理经验和用人之道，认为这是自己犯的第二个重大错误：金钱和制度可以最大限度地激发人的生产潜能，却忽视了员工的人性需要，将人看作是无生命的机器，这样的话，公司就成了毫无生气的文化沙漠和赚钱机器，并不能得到恒久的发展。他意识到，想要公司成为一个发展的有机体，就必须赋予员工权力，最主要的是，赋予他们选择的权力。

亨利·福特的第三个错误，和汽车生产、员工管理无关，是一个关于文化信仰的错误，却是最致命的错误。

1919年，亨利·福特购买了《德宝独立报》，并以自己的署名在上面发表了数篇反犹太人的文章。后来，美国历史学家将亨利·福特这个时期的思想概括为"反移民、反工会、反酒、反犹太人"。据说亨利·福特还资助过希特勒和他的军官，不管这样的传言是真是假，1938年，亨利·福特被授予德国雄鹰大十字勋章却是不争的事实，这是纳粹德国授予外国人的最高荣誉。亨利·福特的这些言论和行为极大地损害了他个人的名誉，也令福特的汽车销量一落千丈。其后的几十年时间，福特公司都在用各种公关手段来消除由于老福特政治立场问题带来的负面影响。

文化与信仰看似和汽车毫无关系，其实密切相关，因为汽车只是冰冷的机器，而它的使用者却是有血有肉的人。一个消费者无论如何也不会将自己的安全和幸福交给一个他不信任的生产者。

　　亨利·福特最值得肯定的地方就是他能及时反省，并改正自己的错误，他做的很简单，就是在错误的道路上停下来。有时候，在错误的地点停下，要好于沿着错误的路线一路狂飙。坚持本身并没有错，但是要看你坚持的是远见还是偏见。

　　亨利·福特先生的一生起起伏伏，与其说他是一个成功者，倒不如说他是一个善于总结经验的智者。他从无数失败中总结出的教训，提炼成一句话，至今，仍作为福特汽车公司的核心文化观念：尽力了解人们内心的需求，用最好的材料，由最好的员工为大众制造人人都买得起的好车。

　　新世纪以来，福特汽车公司的发展又遇到了重大挫折，先是在金融海啸面前险些破产，接着水星品牌被迫停产，路虎、捷豹、沃尔沃等品牌相继易主。各种负面新闻好像多米诺骨牌一样，给这个百年公司以连续重击。不过，在公司的新掌门人——亨利·福特的曾孙比尔·福特看来，这一切不过是上帝的又一次考验罢了。在他办公室的墙壁上，曾祖父的画像好像在注视着他：暴风雨来了，我们也该扬帆远航了……

Ford

第一章　为世界装上轮子

————————————

————————————————

Ford

第一节　心灵的秘密花园

> 美好的心灵是花园，美好的思想是根茎，美好的话语是花朵，美好的事业就是果子。
>
> ——英国谚语

假如你回到上世纪初的美国，无论是走在都市的大街小巷，还是乡村泥泞的路上，都有机会看到一辆辆黑色的福特T型汽车呼啸而过。这种风靡全美的汽车是由当时美国最大的汽车公司——福特公司生产的，其创始人就是亨利·福特。

1863年7月30日，美国密歇根州底特律市几英里外的迪尔伯恩村，一个小家伙诞生了。这个小婴儿的父亲——威廉·福特，是一个有些自负的农场主，他给自己的孩子取名为亨利·福特，谁也不会想到，这个嗷嗷待哺的小男孩，将成为未来改变美国人生活方式的汽车大王。

亨利·福特的童年是不幸的，在他12岁时，母亲突然病逝，但亨利·福特又是幸福的，母亲留给他一笔宝贵的精神财富，让他终身受用。

母亲为儿子建造了一个永葆活力的心灵花园。

在亨利·福特的保险箱里，一直珍藏着几件宝贝，秘不示人。后人在亨利·福特去世以后拿出来时发现，那原来不是什么稀世珍宝，更不是什么房产地契，而是几件泛黄的图册，里面画的是深邃的天空和浩瀚的星河。

小时候，母亲经常指着这些奇异的世界图景，向小亨利讲述世界的博大和万物的生长，在亨利·福特幼小的心灵里，始终装满了对世界的好奇和对世界上美好事物的向往。有时候，父母在孩子的心灵里埋下一颗种子，不管这个种子是奇异的幻想，还是和现实毫无关系的思想，都会在孩子将来的生命中慢慢地生根发芽，总会有一天，开出绚烂的花朵。

母亲教育亨利·福特，做人要清白，还要善于忍耐，生命中总有些不如意的事情，与其逃避，不如勇敢地迎接命运的挑战。母亲还告诉儿子，做事情要有秩序，东西摆放要整齐划一有规矩。当然，这些话对于小亨利来说，并不能全部理解，但是随着时间的推移，这些训诫好像在他的脑海中成为了一道绚丽的彩虹，照耀了他的生命和前程。母亲的印记宛如一把雕刻刀，她坚毅的性格和朴素的教诲，深深地镌刻在小亨利的心灵世界里。

如果没有母亲的教诲，亨利·福特根本不知道该如何面对未来的诸多挑战。很多年以后，每当他要坚持不下去的时候，总会想起母亲在农场的小窗前与他看蓝天和白云的情景。变幻的云朵，一会儿是狮子，一会儿又是温顺的小兔子，母亲说，生活中的困难就像是凶恶的狮子一样，张牙舞爪，气势汹汹，不过不要害怕，耐心地等待时机，当你注视它一会儿，它就会变成温顺的小兔子。

隐忍和诚实，是母亲留给小福特的最后箴言，亨利·福特以此作为自己的座右铭。

"我从母亲那儿学到了现代社会中的生存方法。母亲还教育我，家庭幸福是一个人幸福的开始；另外，母亲绝不允许我撒谎，如果我犯戒，她就会好几天都不和我说话，这是最令人难受的了。"晚年的亨利·福特回忆母亲时这样说。

亨利·福特有一个好母亲，其实他也有一个好父亲，虽然他年少的时候并没有意识到这一点。

父亲威廉·福特在事业上相当成功，他拥有一个冶炼厂和一个水力发电的制粉厂，甚至还有羊毛纺织厂，是个不折不扣的乡绅富翁。但在家里，威廉·福特却得不到长子亨利的好感，亨利·福特从小就对拿着铁锹、对着土地流汗耕种有说不出的反感，更不愿意像个女人一样去挤牛奶，每天重复千篇一律的动作，他宁愿选择对着天上的云彩发呆。在亨利·福特的心里，父亲给他的最好的东西不是那些田产地契，而是一个可以胡思乱想的环境。

威廉·福特善于经营，他买下了近90亩的土地。这个雄心勃勃的农场主，不仅种下了大片的小麦和玉米，还在周围见缝插针，种上了果树和草籽。绿茵茵的草地可以用来放牧，草地的后面是一片森林，里面有神出鬼没的臭鼬和狐狸、憨态可掬的小浣熊、野兔等各种野生动物。尽管不喜欢父亲，但是小亨利还是非常喜欢父亲创造的童话般的世界，因为那里是小亨利童年的乐园。

小亨利对动物的图片很感兴趣，他经常拿着这些纸面上的图例，与自家后院那个秘密伊甸园里的小动物加以对照。他发现，与其长久地注视着毫无生命的图片，不如走进大自然，感受真实的生命。摸摸小动物们毛茸茸的皮毛，它们纯净的眼神，好像在亨利幼小的心灵中开启了一扇窗户，这扇窗户对着的，是整个大自然。

亨利·福特在懵懂时节失去了母爱，让他庆幸的是母亲虽没有给他留下黄金、权势，却留下了最宝贵的人生箴言。在亨利·福特日后的岁月中，他常常回到自己的秘密园地，好像是神话中的巨人，伏在大地母亲的胸膛上，静默沉思，汲取战胜困难的勇气和力量。最平凡的小动物，最常见的蓝天白云，都是亨利·福特的宝贝，他回忆与母亲在一起的每一个细节，每一次回忆都让他感受到一种切切实实的温暖。

其实，每个人都需要一个秘密的心灵花园，尤其是在这个浮躁的现代世界里，我们需要一个精神的栖息地。

福特汽车公司的图标，就是亨利·福特先生的亲笔签名。这个签名被设计成类似于兔子图案的花体字样，四周是椭圆形的蓝色图案，最外侧是白色的曲线，这个图标很好地诠释了亨利·福特童年的梦想。可以想象，在蓝天白云之下，小白兔在大森林里自由自在地奔跑，好像是自然界的精灵，追寻的是自由的梦，这不仅仅是亨利·福特的梦，更是每一个天真的孩子的梦想。不过，很多人成年以后便忘记了最初的梦想，每每回忆起来，往往付之一笑，而亨利·福特将童年的奔跑梦想，装上了飞速旋转的轮子，在发动机的鼓动下，奔向自由的梦想天堂。

自由的心灵是最美的天堂，母亲就是这天堂的奠基人。

有一个叫杰米·斯科特的小孩，家境贫寒，但是母亲一直告诉他，要感谢命运给的一切，不要让困难绑住自己的心。小杰米总是乐呵呵的，不管自己是处在顺境还是逆境，他始终都记得妈妈的话。

有一次，小杰米参加学校组织的戏剧节表演，他想要争取到一个角色。小杰米充满自信地告诉妈妈自己势在必得，妈妈微笑地看着他，用眼神告诉孩子，她相信小杰米一定是最好的一个。

放学的时候，小杰米兴奋地跑到妈妈面前，像一只骄傲的小雄鹰飞进了妈妈的怀抱，充满了骄傲与兴奋之情。

"妈妈，我终于成功了！"他大声欢呼，旁若无人地释放自己的激动。

"你演什么角色啊，亲爱的儿子？"妈妈拥抱着儿子，表现出了同样的兴奋。

"大家说我是最快乐的，我被选为啦啦队长，负责鼓掌和欢呼！"小杰米快乐地说。

也许会有人嘲笑小杰米的天真，认为台上的演员才是真正的表演者，其实每个人都是一个伟大的演员，他们表演自己的人生，是否精彩则由他们的人生态度来决定。做一个啦啦队长，为他人喝彩的同时，他自己也同样感受到了台上表演者的喜悦和成功。而且，只有自己快乐，才能给别人带来快乐。小杰米有一个好妈妈，她为儿子建起的是一座精神宫殿，那里铺满了鲜花，也一定会充满欢声笑语。

生活中有的人穷得只剩下金钱，而有些人一贫如洗也能笑得像花一样绚烂。这是一个物质的世界，更是一个精神的世界，只要你为自己建立一个秘密花园，从那里获得芬芳和温暖，你就能与小亨利和小杰米一样，成为世界上最富有的人。

第二节　禁忌与超越

> 个人绝对不可在遇到危险的威胁时，背过身去试图逃避。若是这样做，只会使危险加倍。但是如果立刻面对它毫不退缩，危险便会减半。绝不要逃避任何事物，绝不！
>
> ——丘吉尔

在亨利·福特的生活里，有三样东西是绝对的禁忌，正是这三种禁忌，影响了他的性格和人格发展。

第一个禁忌与气味有关。

小时候，亨利·福特被父亲强迫看鸡舍，他后来形容当时的感觉就是：仿佛下地狱一样。因为鸡舍里难闻的气味，使亨利近乎窒息。所以后来在福特的汽车里，绝不容忍用残次的部件，更不允许汽车散发难闻的气味。这种痛苦的童年记忆，深刻地影响到了亨利·福特后来的做事风格。亨利·福特对汽车质量的要求近乎严苛，这使很多消费者体验到福特公司的严谨和为消费者考虑的经营理念，并享受到最好的服务。但是很少有人知道，亨利·福特对汽车制造的高标准与他童年不愉快的鸡倌经历有着密切的关系。

亨利·福特出于对少年时代恶劣环境的可怕回忆，他要创造一个良好的环境，他做到了，这是他对禁忌的超越，是一种积极的改变。

当然，亨利·福特的禁忌也不能都换来良好的收益，比如他的第二个禁忌：不喝牛奶。

牛奶中有丰富的蛋白质，对孩子的成长非常有利，威廉·福特希望孩子们健康苗壮，可惜，他的做法总是那么不容易让人接受。

"你非喝不可！"父亲近乎粗暴的命令语言，是亨利·福特最反感的，以至于后来一闻到牛奶的味道他就恶心。其实牛奶本身并没有什么特殊的异味，亨利·福特讨厌的是父亲根本不与人交流商量的家长专制作风，所以，牛奶就成了小亨利终生的饮食禁忌。只是，让人始料未及的是，随着福特汽车公司的规模不断扩大，亨利·福特在管理上也越来越独断专行，形成了粗暴命令式的管理作风，而且不幸的是，他自己并没有意识到这一点。

很多亨利·福特的研究者认为，专制是家族的性格遗传，这一点不无道理，因为对父亲的不满，亨利·福特非理性地排斥一种有益的东西，这种行为和心理本身就是病态的。这种执拗狭隘的心理和简单粗暴的行事方式，让亨利·福特做出了很多疯狂的举动，包括拒绝一切人的建议，让福特汽车的发展停滞不前、一意孤行地投资地产导致巨额亏损等。

后来，亨利·福特反思自己的偏执狂人格，得出了如下的结论：熟悉的习惯，熟悉的路线，熟悉的日子里，永远不会有奇迹发生，而改变思路，改变习惯，改变一种生活的方式，往往会创造无限，风景无限。可惜，当他明白过来的时候，他的福特公司已经不是世界第一了。

我们都是大千世界的凡俗之人，都会有各种隐秘的小禁忌，比如，有人相信某个吉利的数字能带来好运，某个特定的物品能改变运程，他们不惜巨资买一个电话或车牌号码，会固执地戴着某样奇怪的东西。而这些还不太可怕，最可怕的就是我们对人对事的态度，一旦被某种心理禁忌缠绕，那么我们就为自己戴上了沉重的枷锁。正如亨利·福特那样，他不喜欢父亲，就采取一种激进的态度反抗，可是他忘了，由于他这种极端的反抗，他自己正在变成他所讨厌的那个人，这真是最可悲的事情。

第三个禁忌也和动物有关。

一次午后，小亨利骑着家里的小矮马，在田埂上悠闲地闲逛。矮马温顺而沉默，不时地打着响鼻。忽然，从斜坡里跑出一头牛，小马受到了惊吓，一路狂飙，将毫无防备的小亨利倒挂在马屁股上。可怜的小亨利的脚插在马镫上，他无法挣脱，一路被马拖行，待到矮马终于停下来的时候，亨利的身上满是泥泞和杂草。好在乡间的道路并不坚硬，小亨利只是受到了惊吓，别无大碍，但是从那时起，亨利除了鸡、牛之外，又多了一种令他讨厌的动物——马。其实，亨利真正害怕的不是马，而是马突然带给他的速度与刺激，他不能接受极速奔跑的状态。

后来，亨利·福特有意识地克服自己的心理障碍，他要自己坚强起来，速度没什么可怕，软弱才可怕。在涉足汽车领域后，亨利·福特设计出了在当时拥有极致速度的赛车，并亲自驾驶赛车参加比赛，并获得冠军。研究者认为那不过是亨利·福特为自己公司做的销售广告，其实，在他的内心中，比获得第一名桂冠更令自己欣喜的是：自己终于战胜了童年的禁忌，成为主宰自己命运的主人。

禁忌源于一种恐惧，亨利·福特的禁忌不少，他对禁忌的态度也与众不同，但是他在大多数时候能勇敢地面对，正因为这样，才有了一个成熟而伟大的汽车巨人。

其实如果能理智地分析自己的禁忌，就会发现这些禁忌往往是我们获得成功的原动力。伟大的文学家列夫·托尔斯泰在中年的时候，发现自己身上有一些难以改掉的坏习惯，比如焦虑不安、懒惰、没有耐心，等等。他都觉得自己凡事都能做，而凡事都是三分钟热血，没有长性。他深感这是他实现自我价值的阻碍，于是，为了克服自己的缺点，他采取了迎着内心恐惧勇敢而上的策略。他规定自己必须早起做体操，晚上记录每天的生活，这个习惯他坚持了将近50年。当家人整理托尔斯泰遗物的时候，还在日记本里看到他临逝世前一天用铅笔写的日记，歪歪扭扭，但真诚无比。

人生最难超越的是自己，而人生最大的敌人就是自己，超越自我就是敢于认识自我，克服前行的阻力。只有战胜自我的人，才是最伟大的人，不然的话，何谈战胜困难，战胜命运呢？

一个叫肯尼的美国人，从小下肢残疾，不得不做了几次手术，之后小肯尼成了高位截肢的残疾人，未来的路很长，他只有不到两岁的年纪，很多人替他担心将来的命运。

十几年后，肯尼成为了一个乐观向上的青年，他积极参与各种社会活动，自学乐器，甚至还学会了在轮椅上跳舞，学习成绩更是一直名列前茅，并最终考取了著名的哈佛大学。

很多人惊讶无比，问肯尼是如何克服身体和心理的种种障碍的。

"我失去了双腿，但是上帝给了我双手。我也有过自卑和怯懦的时候，甚至有些莫名其妙的禁忌，比如，反感别人说我是残疾人，后来我想明白了，上帝造物，总会有疏忽的时候，我是上帝送给我父母的一个不完美的礼物。我要战胜自卑和那些所谓的禁忌，以手为脚，走出一条完美的路来。"肯尼说。

如果肯尼不能面对自己已经残疾的事实，而是忌讳别人提起"瘫痪、截肢、残疾"等敏感词汇，把自己当成一个不完整的人，肯尼的人生道路也一定是残缺的。肯尼的故事和亨利·福特的故事一样，说明一个人只有战胜自我，不怕无谓的禁忌，才能超越自我，使自己的人生变得完美。

第三节　"怪物"与好奇心

> 我没有特别的才能，只有强烈的好奇心，永远保持好奇心的人是永远进步的人。
>
> ——爱因斯坦

生活如戏，一次偶然会改变一个人的一生。

有一次，小亨利·福特跟随父亲到底特律，在火车站里，他有了一次终生难忘的经历。

一个魔法世界中才会出现的庞然大物出现在小亨利眼前，它巨大无比，发出时而低沉、时而尖利的吼声，铁制的轮子宛如战车的履带。当小亨利好奇地瞅着这个大怪物时，火车一瞬间冒出的蒸汽喷在了他的小脸上，把小亨利吓了一跳，他高叫了一声，眼睛瞪得更大了，他对这个"怪物"产生了浓厚的兴趣。

和善的火车司机告诉亨利·福特，这个怪物叫"火车头"，并把小亨利抱上了驾驶台。小亨利先是小心翼翼地扫视四周的仪表机械，然后试着抚摸这些古里古怪的东西，他疑心里面藏着什么了不起的魔法——一种超能量的魔法，所以"火车头"才这样巨大，还会喷云吐雾！

不经意间，小亨利触动了汽笛，一声高亢而尖利的长鸣，再一次把小家伙吓坏了。他惊恐地看着这个怪物，它不仅会吐烟雾，吼叫的声音还那样有气势，它究竟是何方神圣啊？他不知道，但他想知道。

当"怪物"安静下来以后，小亨利也镇定下来。他发现自己特别喜欢在火车头里的这种感觉，他觉得自己进入了一个魔法世界，怪兽并不可怕，反而很神奇。小亨利雄心勃勃，他设计了自己的未来：我也要造出这样充满魔力的东西！

小亨利拉响了自己人生的第一次汽笛，开始启航。

伽利略说："科学的真理，不应该在古代圣人的蒙着灰尘的书上去找，而应该在实验中和以实验为基础的理论中去找。真正的哲学，是写在那本经常在我们眼前打开着的最伟大的书里面的，这本书就是宇宙，就是自然界本身，人们必须去读它。"

回到家里，小亨利还沉浸在兴奋和喜悦之中。他整夜无法入睡，反复琢磨是什么东西让那个庞然大物动起来的。

第二天一早，小亨利兴致勃勃地开始了自己的发明。他从厨房中偷出两个水壶，一个塞满了火红的炭火，另一个装满了滚烫的开水。他猜到火车的动力是来自于不断添加的煤炭，但他不知道向他扑面而来的蒸汽有什么用。小亨利将两个水壶放到雪橇的后面，一边奋力划着，一边念念有词，模仿着火车的声音，在雪地上呼啸而过。他已经完全沉浸在想象之中，沉浸在机械和动力给自己带来的快乐之中。

美国伟大的哲学家杜威认为，科学的每一项巨大成就都是以大胆的幻想为出发点的。亨利·福特的看起来有些荒诞的小实验，正是杜威说的"大胆的幻想"。当旁观者还以怀疑或嘲笑的态度面对小亨利疯狂的举动时，没有人会想到，一颗科学的种子已经在这个孩子的心里悄悄地萌芽。

我们往往惊讶于诸多"天才"给世界带来的伟大变革，却很少关注一些身边的孩子的"疯狂"举动。任何一个天才，如果回顾他们的生命轨迹的话，我们就会发现，他们不过是一个好奇心强烈的孩子，每个这样的孩子都有疯狂的时候，不同的是他们对疯狂的念头比较执着，而且有机会坚持下去。天才少见，是因为大多数大人在孩子刚有这些疯狂念头的时候，就以辱骂、羞臊和恐吓扼杀了这些科学发现的种子。

有两个人，堪称亨利·福特毕生的启蒙老师，令他终身难忘。一个是底特律火车站上，让他抚摸火车头的司机，一个是让他领略到机械奥秘的阿道夫。

亨利·福特是村里公认的天才少年，但是天才的创造，有时候是伴随着令人无法容忍的破坏力的。于是，多数人看到

小亨利都唯恐避之不及，只有一个名叫阿道夫的工人，愿意和亨利在一起玩，并允许这个淘气鬼打开金表。小亨利常常抑制着内心的激动，注视着阿道夫打开神秘的怀表。他大气都不敢出，生怕自己的气息会将怀表内部的小零件吹落到地上，他关心的是这些精巧而复杂的机器，如何使得怀表分毫不差地报时。

后来，这个热衷于钟表和火车头的小家伙，开始瞒着家人，偷偷地顺着乡间小路溜到底特律，把鼻子紧紧贴在钟表店的玻璃窗上，看店里的师傅拿小钳子修理手表，有时看得完全入了迷，忘了时间，到天快黑的时候才匆匆跑回家。当小亨利和修表的师傅逐渐熟悉以后，师傅有时还把已经不能用的手表送给他。这时，小亨利便会在房间里整晚地分解、组合，直到第二天凌晨三四点。

法国著名文学家法郎士说：好奇心造就科学家和诗人。

但是拥有好奇心是容易的，保持好奇心就需要超乎常人的忍耐力和勇气了。

村里农场的孩子，也是田地里粗重农活儿的重要劳力，不管放学多晚，上学多早，都要完成分给自己的那份工作，不然的话，就会受到轻则不给吃饭，重则皮鞭伺候的责罚。家大业大的福特家里，农活儿更是多得永远也干不完似的。方圆近百里农场里，除了牛、马和鸡以外，还有羊、猪、火鸡。这些家禽、家畜让亨利·福特大伤脑筋，因为他的全部兴趣都在钟表上，与照料这些动物相比，修理农具反而更有趣。所以，每当附近农家请他去修理农具或做其他事情时，他都兴致勃勃，从不拒绝。

亨利在自己的房间里藏了几种"秘密武器"。枕头上边吊着父亲送的"恺撒表"，他的床边经常放着锉刀和棒针。锉刀是偷来爸爸的铁片自己做的，而针是妈妈悄悄塞给自己的。顽皮的男孩能将这些东西收集得如此有条不紊，确实值得称道。他一直是背着家人干的，除了阿道夫之外，没有人知道他的秘密。虽然一天下来已经筋疲力尽，但亨利每晚都要在房间里与孤灯、工具做伴，直到天亮。

哈佛大学校长陆登庭在"世界著名大学校长论坛"上说："如果没有好奇心和纯粹的求知欲为动力，就不可能产生那些对人类和社会具有巨大价值的发明创造。"的确，好奇心是智慧富有活力的最持久、最可靠的特征之一。人有着好奇的共同天性，而让他们好奇的新事物又都是那么不完美，这使得他们有兴趣钻研下去。

科学家伽利略读书的时候，就爱提各种各样稀奇古怪的问题，弄得老师很头疼。比如：行星为什么多数是接近圆形的？行星的运行轨迹为什么不按照直线行走，而是椭圆形的轨迹为多？

老师们都觉得伽利略是个多事的孩子，可是伽利略依然我行我素，不停地问各种问题。一次，他看到教材上说，亚里士多德认为两个物体从同一高度落下，重的会比轻的先着地。充满好奇和怀疑精神的伽利略经过反复试验，得出了和物理学权威截然相反的结论：物体下落的快慢和本身的质量并没有关系。

1590年，伽利略在著名的比萨斜塔公开做了落体实验，当着成千上万的人，证明大家相信了几千年的学说是错误的。

如果你有一颗好奇心，请保留它，并且在你的能力范围内释放它，或许有一天，它会带给你惊喜！

第四节　疯狂的探路者

> 这个世界除了心理上的失败，实际上并不存在什么失败，只要你不是心理一败涂地，就一定会取得胜利。
>
> ——奥斯汀

如果说好奇心是获得成功的原动力，行动就是获得成功的唯一路径，但是在这条路上，失败就是一只只拦路虎，只有你足够强大，你才能成为打虎英雄，跨马游街，被人们膜拜。

在亨利·福特成长的过程中，好奇心一直充满了他的内心，而为了探究"怪物"的本质和机械运动的原理，这个小探路者遇到了一只又一只拦路虎，好在好事多磨，他都是最后的赢家。

1870年，亨利·福特所在的学校有过一场爆炸事故，始作俑者就是小亨利·福特。

小亨利越来越不满足于用嘴发出动力的声音，而是自己琢磨小蒸汽机的原理，为此他险些闯下大祸。对于一个7岁的孩子来说，试图制造一台蒸汽发动机确实不太现实，所以发生些事故也是可以理解的。铜片、铁片、玻璃四处飞散，爆炸的威力把学校的栅栏都震倒了，亨利·福特的嘴唇也被割破了，同伴们吓得四处奔逃，不过小亨利却显得很淡定。

"我的蒸汽引擎毫无问题，不过是我的经验不够，在加煤的程序上出了点问题，过于冒进了而已。"事后他轻描淡写地说。

亨利·福特认为，丢人的是害怕失败，而不是失败本身。很多时候，越是别人觉得不可能的地方，恰恰潜藏着成功的机会，只有这样，才不至于被所谓的聪明人欺骗，或者丢掉机会，或者徒劳无功。

有时候输家就是赢家，无论如何失败，失败的次数是多少，只要战胜了内心的恐惧、焦虑和懒惰，就是胜利者。反过来说，胜利有时会使人变得骄傲自大，独断专行，这时候赢家就是输家，不管以前多么辉煌，曾经赢过多少次，只要就此懈怠，不再进取，那就是失败者。

"丢掉你那些稀奇古怪的想法吧，亨利。"大家都劝这个疯狂的小家伙，"不然会有生命危险！"

但是亨利·福特却毫不在乎，他精心地准备着下次试

验。不知道威廉·福特当时是怎么想的，这个粗暴的父亲对"捣蛋"的儿子居然没有过多干涉。幸亏如此，亨利·福特才能充分发挥他的好奇心和聪明才智，从而对机械有了全面、深入地了解。

亨利·福特对各种东西的工作原理总是很感兴趣。还有一次，他把茶壶嘴用东西堵住，然后把茶壶放在火炉上，站在一边等候看看会出现什么情况。水烧开后变成了水蒸气，因为茶壶嘴被堵住，水蒸气无处逸出，茶壶便爆炸了，好奇的"顽童"被严重烫伤，连带遭殃的还有被爆炸力击碎了的一面镜子和一扇窗户。

而小亨利对钟表结构的好奇心更引发了家人的"恐慌"，以至于福特家的人，只要一看见亨利回家，便立刻慌慌张张地把手表藏起来。因为金属质地的怀表在当时可是个稀罕的玩意儿，上面往往镌刻着航海的图标和盛开的花朵。可是，被福特家人视若珍宝的怀表，在小亨利的眼里，不过是些螺丝和齿轮构成的仪器，所以家人常常发现，怀表上航海的帆船桅杆折断，盛开的花朵变成了残枝败叶。

但是就在玻璃、水壶和昂贵怀表的牺牲中，小亨利的探索取得了阶段性的胜利。为了讨好自己性格古怪的父亲，他曾给老威廉设计过一种简单的开门装置，使他父亲不必跳下马车就可以打开农场的大门，这的确让威廉·福特非常高兴，他对儿子也刮目相看。

在一个孩童眼里，硕大的火车头是神秘的"怪物"，精密的齿轮、发条有序地组合在一起就能把时间记录下来，这也是奇特的。如果他想知道神秘与奇特的根源是什么，他一定要探索。当然，在探索的过程中失败是在所难免的，可是亨利·福特用锲而不舍的行动告诉我们，一个成功者必是一个勇敢的、不害怕失败的人。不人云亦云，才有独立的人格，不害怕失败，才能成功。人生中每件事皆是如此，你必须与自己竞赛，那才是人生最大的一场比赛。而且，比赛结果并不重要，重要的是比赛时候的情绪，你专注于自己的比赛，你就是最大的赢家。

小亨利的房间里有两盏灯，一盏是晚上做功课用的，上面有小玻璃罩；一盏是放在脚边取暖用的。为了节省下煤油，供自己深夜科学研究使用，小亨利常常在冬日里，只点一盏灯。他穿着厚厚的棉袄，双手呵气，在小煤油灯下开始自己的研究，结果把脚冻得又红又肿，他还得拖着肿痛的双脚若无其事地干活儿、上学。小亨利迟缓的动作并没有引起粗心的父亲的注意，他自己也毫不介意，在他看来，只要有一双灵巧的手就足够了。甚至在夜深人静的时候，他凝神静气，连自己的一切都忘记了，只剩下了杂乱无章、但在他眼里又奇妙无比的各种仪表零件。他好像是一个交响乐团的指挥家，指挥着奇妙的零件，如音符般在他的灵巧的双手中跃动，向下是分解动作，向上是组装动作。他的生命在2/4拍的进行曲式中，简单、快活又充满创造力地谱出华彩乐章。

亨利·福特在学校里常常心不在焉，唯独对机械感兴趣。有一天，他和一个小朋友把一块手表拆开了。老师很生气，让他们放学后留下来，把表修好才能回家。当时这位老师并不知道小亨利的本事，他以为这个惩罚会让小淘气以后听话些。没想到，只用了10分钟，这位机械奇才就把手表修好了，他不无得意地把手表交给了老师，然后昂首走在了回家的路上。

多年后，亨利·福特的好奇心和他的动手能力使他得到了回报。他曾经梦想着去制造一辆无马行进的车，在他制造了一辆这样的车后，运输界发生了永久性的变化。

小亨利从分解钟表开始，走出了别样的人生轨迹，钟表是记录时间的旧机器，而福特汽车是超越时间的新动力。我们说，他拼装的不仅仅是机器，更是一个关于时间的梦。这个梦，早已从小亨利在小镇上的那次神奇的发现开始。火车给人们生活带来的是便利，而对于一个孩子而言，任何东西都有魔力，或许你也被一样东西施了魔法，不知道从什么时候起就走上了一条神奇的道路。

数学家华罗庚说：人生是要活的，必须活得兴致勃勃，充满好奇心，无论如何也绝不要背对着生活科学的灵感，因为那绝不是坐等可以等来的。

如果说，科学上的发现有什么偶然的机遇的话，那么这种"偶然的机遇"只能给那些有素养的人，给那些善于独立思考的人，给那些具有锲而不舍的精神的人。

第五节　当挫折来临时

最困难的时候，就是距离成功最近的时候。

——拿破仑

17岁那年，亨利·福特告别父亲，只身到底特律闯天下。

亨利·福特干过多种职业，小到钟表修理，大到船舶维修。童年以来的修理技能这时候派上了大用场，有人曾劝说他以此为业。

亨利·福特曾拒绝为修表收费，因为这是他最痴心的爱好，他认为收费是对爱好的一种亵渎。但是，为了更大的理想，他不得不收取修理费用了。为了给自己的"汽车梦"积累资金，亨利·福特同时做了两份工作，白天在密歇根汽车公司当机修工，晚上在一家珠宝店维修钟表，他把自己的爱好变成了职业。

在修钟表的工作中，亨利·福特发现大多数钟表的构造其实可以大大简化，只要精密分工，采用标准部件，钟表的制造成本可以大大降低，而性能更加可靠。他自己重新设计了一种简化后的手表，估算成本为每只30美分，可日产2000只。他认为这一计划是完全可行的，唯一使他担心的是，他没有年销

60万只手表的销售能力，而销售活动又远不如生产那样吸引亨利·福特，因此，亨利·福特最后放弃了这一计划。

但是，简化部件，大批量生产，低价销售"更多、更好、更便宜"的经营思路却在此时大体形成了。

在实践中，亨利·福特发现自己吃了没有文化的亏，因为很多原理自己没法说清楚，只能干着急，却无法向同事们解释清楚。于是，他报名参加了夜校学习。在学校里，他是最为勤奋的学生。

亨利·福特有一个梦想："在别人手下，永远是打工的命运，无法实现自我的价值，人生最大的价值应该是自己掌握命运，应该开一个工厂，哪怕它只有火柴盒大小。"

当时的底特律已经是有几十万人口的大都市了，工厂林立，商业繁茂，只要是手脚勤快的小伙子，都会有用武之地。亨利·福特很快就被招为学徒，负责船舶的安装和维修，但是亨利·福特从来不做干活儿磨蹭的家伙。亨利·福特东游西逛，表面上看游手好闲，实际上，他是在观察别人修理钟表时的技巧和经验——他在偷师学艺。另外，亨利·福特也在思考如何提高生产效率，为以后的大公司管理打下坚实基础。从这段生活开始，亨利·福特作为机械师掌握了生产、装配的关键，后来作为管理者的他熟悉流程的每一个细节。

几年后，亨利·福特已成为独当一面的熟练技工，被一位制造商雇去，在湖边及各大农场帮助安装、修理蒸汽机和汽油机。

　　但是，技术出众的亨利·福特却一直得不到重用，在当地最大的汽车制造公司，他仅工作了不到一周就辞职了。原因何在？

　　"有些故障机器，该公司优秀的员工需要花费好几个小时才能修复，而我只要30分钟就可以修好，因而其他员工对我十分不满。"多年后，和记者谈及此事，亨利·福特笑着说。

　　命运总是喜欢捉弄充满梦想的人，在底特律，年轻的机械师亨利·福特处处碰壁，以至于心灰意冷。无奈中，他想起了几英里外自己那虽然不富有但很温暖的家。于是，两年前雄心万丈闯天下的小伙子，垂头丧气地铩羽而归。

　　24岁的亨利·福特已经在自己选定的职业上干了8年，他希望自己实现愿望，可是饱受挫折，疲惫的他突然返回父亲的农场。这次像是准备长期务农似的，他毫不犹豫地接受了父亲送给他的脱粒机和40亩土地，定居下来。这一年他和父亲达成了协议：接受父亲给他的40亩木材地，放弃做一名机械师。此后几年，他都守着父亲的农场生活，并且重复着父亲走过的人生之路——娶一个贤惠的妻子，早出晚归地劳作，日子虽然平淡无奇，却衣食无忧。

　　这一切，与亨利·福特最初的梦想无关，亨利·福特面临着一个重大的人生选择。

　　挫折，是我们长长的生命轨迹中，一个重要的名词。但它是生命的逗号，而不是句点。只有放弃的人，认输认命的人，才是真正的失败者。有多少成功者，其实是屡败屡战的斗士，从失败的废墟中站起来，用一生书写着不屈不挠的生命传奇。

在德国，有一个名叫杰森的造纸工，一次工作失误，弄错了造纸的配方，生产出了一大批不能用来书写的废纸，于是，他被炒了鱿鱼。

心灰意冷的他，整天借酒浇愁，一个朋友规劝他："凡事想开些，福祸是相互依存的，你做错了一件事，你看看能不能找到正确的一面？"于是，杰森认真地看着自己弄错配方的纸，发现它们并非一无是处，一次他偶然中用它们擦拭家具，发现这些纸虽然不能写字，但是吸水效果特别好，于是他把这种纸命名为吸水纸，然后申请了专利，成为一代富翁。

杰森在挫折来临时，找到了问题的另一面，从中发现了新的人生契机。试想如果当初福特安于现状，选择了子承父业这样一条平凡但安稳的人生路，那么历史会是什么样子呢？

亨利·福特也一样，创业失败的时候，他并没有沉沦，而是以退为进，寻找重新崛起的机会。他与邻居一位富裕农民的女儿克莱拉·布赖恩特结了婚。他回到农场，将木头砍下来搭建了婚房，里边别有洞天，藏着自己心爱的工作间。

"我爱克莱拉，不过要我呆在农场，那不过是个权宜之计。你知道，我的梦想根本没有在那里。"亨利·福特回忆说。

亨利·福特觉得农场根本没有什么值得留恋的地方，只有望着秋天金色的麦浪，他才露出点笑容，因为那样的话他就可以带着他的脱粒机，四处挣钱了。但是，亨利·福特还是不像个地地道道的农民，他总是不安分地向往都市生活的速度和激情。亨利·福特不是轻易放弃梦想的人，他不想像父亲那样终老于田间，尤其是当他已经见识并经历过那种诱人的生活后。

"一定要走出农场，去闯世界！"这个念头时时激励着他，他下决心要东山再起。

亨利·福特很幸运，他温柔的妻子克莱拉毫无怨言地支持着他的行动。就这样，在回家"消停"了几年之后，亨利·福特开始试验双缸发动机，此时他拿到了一家电力公司月薪45美元的聘书。父亲赠予他的木头也砍得差不多了，从此他告别了农场。1888年，亨利·福特带着年轻的妻子，回到了曾经让他跌倒的城市。

好像《红与黑》中的于连那样，亨利·福特也意气风发，他站在高处呐喊："底特律，我又来了！"

一个人在成功之前，总要经历挫折，正所谓"天将降大任于斯人也，必先苦其心志，劳其筋骨……"。挫折即磨砺，可以成为你事业的终点，也可能是你事业的转折点，关键看你能否坚持自己的梦想。

第六节　草图上的未来

> 不飞则已，一飞冲天；不鸣则已，一鸣
> 惊人。
>
> ——司马迁

年轻的亨利·福特历尽艰苦，绘制出一幅新型发动机的草图，因为在那个年代，绝大多数的业内人士都认为，电动汽车才是未来车辆的发展潮流。因此，亨利·福特这种修改汽车发动机的做法无异于离经叛道，遭到了同业者的一致耻笑和讥讽。

频繁遭遇失败打击的亨利·福特，并不惧怕别人的不理解和嘲讽，但是舆论的压力就像是无形的阴影，既挥之不去，又无处不在。就在此时，另一位巨人——大名鼎鼎的大发明家爱迪生，在亨利·福特最艰难的时候，用了一个简单的话语和动作，给了他巨大的鼓舞，使他以坚定的信心坚持下来，并最终成为引领汽车行业的带头人。

一次晚宴上，亨利·福特在餐桌上向一位同行讲解自己的发动机构想，同行听得有些不耐烦了。这时，亨利·福特注意到，距离几把椅子以外的爱迪生也在侧耳倾听。听到入神处，

爱迪生挪动椅子向亨利·福特这边靠近。

"先生,这么说多没劲啊,你能画出发动机的草图吗?我对此很感兴趣。"最后,这位大发明家索性直接走到亨利·福特身边,对着有些手足无措、名不见经传的亨利·福特说。

爱迪生患有严重的听力障碍,亨利·福特只好用近乎呐喊的声音向他解释自己的构想。

"你的点火装置是爆发的还是触摸的?你的内燃引擎是怎么一回事?"爱迪生向福特进行了一连串的发问。

亨利·福特既紧张又兴奋,因为世界上最著名的发明家竟然虚心向自己请教。他匆匆几笔就画出了简略的草图。爱迪生全神贯注地研究着这张草图。突然,爱迪生将拳头在餐桌上重重一击,弄得餐桌上的盘子差点掉到地上。

"太好了,年轻人!"大发明家显得非常兴奋,"电动汽车的电瓶装置太笨重,蒸汽的汽锅也是这样,而你画的草图,我要找的就是它,就是它了,当我还在寻找的时候,你已经得到它了!"

"爱迪生击在餐桌上的那重重一拳,对我而言,它的价值等同于整个世界。"多年以后,亨利·福特回忆说。

汽车,是现代化大工业生产的产物,而在习惯了传统农耕文明的农民看来,这些呼啸而过的铁家伙,是充满速度感的不祥之物。而且,最早的一批汽车是用纯手工打造的,价格昂贵,且性能不稳定。因此,早期的汽车不像是交通工具,倒像是有钱人手中的大玩具。所以,尽管发明家托马斯·爱迪

生1895年就预言，马车的末日已经来临，它终将会被汽车所替代，但这个预言并没有马上实现，直到10年之后，美国公众对汽车的偏见才完全消除，而这一切要归功于亨利·福特。

后来，在旧金山世博会上，亨利·福特夫妇邀请爱迪生来到交通馆。T型汽车的生产流水线每天下午演示3小时，每10分钟组装一部整车并现场销售。爱迪生惊讶地发现，草图上的梦想，变成了伟大的现实。亨利·福特在世博会期间共生产了4400辆车。"福特流水线"对元件和程序的标准化，对技术分工的精确化，彻底改变了全社会的生产组织理念。

"我改变了人类室内的环境，让人们的生活不再黑暗。而你，我的朋友，你改变了人类的道路，你让人们的距离不再遥远。"爱迪生拥抱了亨利·福特，他激动地说。

"应该感谢的是您，您当年在我草图上的重重一击，好像是对我未来的一次宣判。通过您，我才知道，我做对了。"亨利·福特很感激爱迪生的鼓励，他真诚地说。

汽车大王亨利·福特比爱迪生晚出生16年，但是他们之间有许多相似的地方。爱迪生也生长在单亲家庭，他性格开朗且能终成大器，他的母亲居功至伟，她一直对这个从小被人视为弱智的儿子充满信心。在学校对爱迪生关闭了大门之后，她一边含辛茹苦地养育儿子，一边亲自教他读书识字。托马斯·爱迪生与亨利·福特童年爱好、性格、志向的相似，为两人日后建立深厚的友情打下了基础，很快，两个人成为无话不谈的忘年交。

从两个改变世界的巨人身上可以看出，在一个人的成长过程中，早期的家庭教育是多么重要。有类似经历的还有著名童话作家安徒生。安徒生同样出身贫苦，但是很受父母疼爱，父亲经常给他做些简单的玩具，这些粗糙笨拙的泥娃娃、小木车，让小安徒生插上了想象的翅膀，在童话的王国里纵情驰骋，最终写成了165篇童话，永远镌刻在文学史上。试想，如果这三位的父母对儿子的"胡闹"动辄加以呵斥甚至打骂，孩子整天活得战战兢兢，恐怕历史将要被改写。

　　适当的鼓励，往往会成就一个天才；不当的打击，则会扼杀一个天才。当你的创意被忽视或被否定的时候，再坚持一下吧，耐得住寂寞，总有一天你会迎来繁华。

Ford

第二章　福特哲学

Ford

第一节 握紧命运的魔法杖

> 我要扼住命运的咽喉，绝不能让它使我屈服。
>
> ——贝多芬

1896年，亨利·福特试验了自己的第一辆汽车。两年后，37岁的福特从爱迪生电力公司辞职，这个野心勃勃的男子汉，准备大干一场，他的妻子坚定地支持他的事业。亨利·福特和别的实干家不同，他从创业的初期就反感资本家的操作，他认为这些不劳而获的华尔街精英，是不折不扣的吸血鬼，他要建立一座与工人同呼吸共命运的充满温情的工厂。

亨利·福特曾在底特律汽车公司做总工程师，但是没到三年就决定辞职了，原因是他下决心自己干一番事业，他已经厌倦了成为别人操控下的木偶。

1903年福特汽车公司成立，资本10万美元，起初他的股份是25.5%。

1903年6月16日，福特汽车公司在底特律的一间由货车车间改造而成的窄小工厂内宣告成立。其全部财产包括一些工具、器材、机器、计划书、技术说明、蓝图、专利、几个模

型等，还有12位投资者筹措的28000美元本金。除亨利·福特外，新公司最初的股东包括一位煤炭商人、煤炭商的簿记员、一位赊账给煤炭商的银行家，一对经营发动机制造厂的兄弟、一位木匠、两位律师、一位公司职员、一个杂货店老板，以及一位气枪生产商。

公司销售的第一辆汽车被称为"市场上最完美的汽车"，"简单得连一个15岁男孩都会开"。芝加哥的冯尼格博士，他在公司成立后的一个月就买走了这辆"最完美的汽车"，使那些忧心忡忡、眼看着银行存款只剩下223美元的股东们喜出望外。

此时，亨利·福特还是一个理想主义者，他梦想的创业起点是自己拥有股权，但并不控股，这样他可以专心搞技术升级，而不用烦心那些日常管理的琐事。但是后来他的想法发生了转变，因为当产量达到一天100辆的时候，有些股东感到强烈的不安，他们试图阻止亨利·福特管理公司。

"我很久以前就希望一天能生产1000辆。"亨利·福特的回答则很干脆。

为了真正获得自由，亨利·福特开始注重控股权。1906年，亨利·福特持有了公司51%的股权，没过多久又增持到58.5%；到1919年，亨利·福特的儿子埃兹尔·福特以7500万美元的天价，买下了福特公司余下的41.5%的股票。这样，举世闻名的福特公司也就成为了真正意义上的家族企业。这样的做法，好处是快速决断能够抓住机遇，但是也为福特公司后来的举步维艰埋下了祸根，因为企业的发展如果建立在创业者一个人的决断力上，那么这种决断力往往是靠不住的，人一旦获得绝对的权力，会导致思维的僵化和行动力的延宕。

当时，亨利·福特为自己订立了三条法则。一是生产策略，一个公司如果想发展，必须全力以赴发展一种产品，不能多点开花，更不要企图实现双赢。二是销售策略，福特始终坚信薄利多销是销售的不二法门，这样一方面成就了福特在中低端市场的绝对霸主地位，另一方面也使得福特错失了很多发展高端汽车的良机。三是金融策略，福特绝对不受制于投资基金。大规模生产，单一品种经营，大众化路线销售，这成就了福特汽车公司的霸业。

福特的三个法则，很难用对与错来评价，这种近乎于赌博的经营战略，因为福特公司的巨大成功而变得无往不利，但是也埋下了后来企业发展缓慢的祸根。

积累了雄厚的资本的亨利·福特，终于展开了同华尔街金融势力的博弈。

1920年末，第一次世界大战使得汽车生产过于膨胀，销售陷入了停滞。华尔街精英们预测，福特公司很快就会受制于现金流困境，事实情况也是如此。福特家族在此前因为支付购买企业股权的现金，需要在几个月内筹集到6000万美元，而他们的账户上只有区区2000万美元，足足差了4000万美元。华尔街的金融操盘手，好像是猎人闻到了猎物的香味儿，他们迫不及待地向福特提出，一个一揽子解决方案——以巨额贷款换取银行代表担任福特公司财务主管的职务。

"不！"亨利·福特坚定地说。

一旦那样可怕的事情发生，亨利·福特就会连做梦都是自己被控制的惨状。而且那时候，他总是梦见自己是一个被人控制的玩偶。他下决心和华尔街较量较量，看谁先低下高贵的头颅，他把儿子任命为公司的财务主管。

埃兹尔·福特上任后，做出了四个举措。第一步，将战争年月出品的汽车，降价销售；第二步，收回国外的销售款；第三步，出售自由公债；最后一步，卖掉不属于汽车主营业务的工厂。

一般的公司面临经济困境的时候，不二法门就是裁员、停工，可是福特公司并没有走上这条老路。

1921年1月下旬的一天，老亨利·福特来到公司，发现一万多名骨干工人聚集在核心工厂开工，他们的口号是"与福特共渡难关，靠自己生产自救"。接着福特公司每天生产近4000辆汽车，把成本从每辆146美元，降低到90美元左右，仅这一项就盘活了2800万美元！

与华尔街大战的最终结果是：福特公司偿还债务后，净胜2730万美元现金。

福特公司靠着内部调控和团结互助，取得了这场没有硝烟的战役的胜利。

亨利·福特有自己独特的金融哲学：为扩大生产规模而借贷是应该的，但为了错误的管理和习惯性的浪费去借贷，那无異于飞蛾扑火。

"银行家实际上玩弄了数字游戏，他企图通过控制信贷而控制着一般的企业家，我不能让他们过得太舒服了，因为我是劳动的，他们不是。"亨利·福特坚持自己的看法。

对于亨利·福特来说，与银行家的较量并不可怕，他觉得只要自己内心充满希望，胜利就一定属于自己。

第二次世界大战之后，德国作为战败国，处处是荒芜的土地，村村有废弃的家园。美国学者波普诺作为一个联合国的社会考察团成员，访问了战后德国。在那里，他们深入考察了田间地头和地下室居住的德国普通家庭。波普诺问自己的考察团成员："大家看，这样一个废墟中的民族还能再次实现崛起和腾飞吗？"

"很难啊。"大家都紧皱眉头，因为这里实在是荒凉而贫瘠。

"这个民族肯定会站起来，而且很快就能！"波普诺对自己的判断非常有信心。

"从哪方面得出的结论啊，先生？要知道我们这些天看到的都是负面的场景啊。"大家都不能理解波普诺的判断，认为这不过是一个迂腐的书生之见。

"刚才，我们在考察的时候，屋子很简陋，粮食也不是很丰富，但是你们注意到没有，在每一家的窗台和桌子上，都摆放着什么东西？"波普诺看了看疑惑的团员，他问大家。

"桌子上都整齐地放着一瓶鲜花！"大家恍然大悟地说。

和创造世界名牌的人

一起放飞梦想

Let the dream fly

"是的，这就是我判断的依据，你们想想看，一个民族在遭受了这样的打击之后，还保持着一种爱美、发现美的情怀，还有什么能阻挡他们建设自己家园的决心呢？"

果然，德国在战后迅速崛起，并实现了经济的腾飞，重新成为受人尊重的世界大国。

看来，这个世界根本就不存在让人绝望的处境，而只存在让自己绝望的心境。如果时刻保持着战胜逆境的心态，幸福之花就会永远绽放。

第二节　幸福的"闭门造车"

> 做出重大发明创造的年轻人，大多是敢于向千年不变的戒规、定律挑战的人，他们做出了大师们认为不可能的事情来，让世人大吃一惊。
>
> ——费尔马

"闭门造车"往往含有贬义的成分，是对那些思想保守、故步自封的人的一种批评，但是亨利·福特就切切实实地干了一回闭门造车的事，不过他是先走出门去带回了创意之后，才关起门来造自己的车的。当然，闭门造车的结果不是车开不出去，就是撞破大门，亨利·福特选择了后者。

一次，亨利·福特搭乘西去的火车，专程到芝加哥世博会开阔眼界。此时的福特已经是爱迪生电气公司的工程师，正致力于研究汽车发动机。在国际化都市的展馆中，福特看见一辆孤零零的四轮汽车蜷曲在角落里，官方的展品清单上甚至找不到它的名字，这就是汽车泰斗戴姆勒的经典之作。

福特从里到外地研究了戴姆勒汽车的每个细节，然后就急匆匆赶回底特律家中的小作坊。这是个两家合租的二层小楼，后院有个小仓库，福特把它改造成了一个实验室。

1896年6月4日，福特在仓库实验室里，终于钉上了汽车的最后一个零件，成功啦！疲惫不堪的福特和他的伙伴们欢呼道。可是，他们马上就面临一个实际的问题，原来他们只是在仓库里用零件拼装一台机器，但是当初的小不点儿现在已经成为了庞然大物，如何将它运出去呢？几个人相视无语，哑然失笑。

亨利急忙跑回家，拿来一把斧头。他兴奋地砍下了仓库的门。福特的第一辆汽车终于在夜色里，轰隆隆出发了。

正是午夜两点，外面淅沥沥下着小雨。克莱拉披着斗篷，拿着一把雨伞为丈夫遮风避雨。这个贤惠的妻子，此刻也和丈夫一起分享成功的喜悦。福特马上要成功了，只要他的汽车能开出去。

汽车震颤着、爆响着启动了。这辆汽车其实可以叫四不像，因为零件都是拼凑的，轮子是自行车轮改装的，方向盘是用船舵来代替的。不过这一切都不重要，就像刚出生的婴儿不一定美丽，但预示着新的生命一样。疲惫不堪、欣喜若狂的发明家亨利·福特，借着车前摇晃着的煤油灯的微光，穿过漆黑的巴格雷大街的人行道，向黑夜驶去。

尽管亨利·福特的这辆车并无创新之处，但这个黑夜诞生的大家伙给了福特无比的自信。他终于实现了童年的梦想——坐着无马的"马车"，行驶在大路上。

但英雄传奇般的经历往往只存在于电影和小说里，实际情况是，福特的第一辆车的试车之路并不能算作完美，甚至有点狼狈不堪。他驾驶的汽车刚走出家门就熄火了。同伴凯特连忙跑回公司，用了替换的点火装置才重新发动汽车。这个车还有三个致命的缺点：一是没有反转装置，拐弯需要三四个人扶着汽车拐弯。二是没有刹车装置，出不出交通事故就全靠运气了。好在这辆车的速度也不快，只有每小时10英里和每小时20英里两个档。第三，这辆车还没有倒车设备，只能大家抬着500磅的大家伙掉头。

天亮时，亨利·福特将汽车开到了凯迪拉克旅店，围观的人将这个新鲜玩意围得水泄不通。不过亨利·福特却没有过于得意，他还得将刹车器和点火装置再完善一下。福特的第一辆车，被拖回了已经损坏的仓库里。

熬了几个通宵的福特，回到家中倒在床上，在他的旁边，是他刚出生不久的儿子——小埃兹尔·福特。酣睡的孩子脸上露出了甜蜜的笑容，亨利·福特的心里也是甜蜜无比，还有什么比新生命更值得赞美的呢？他的汽车如今也像一个初生的婴儿一样，未来很长也很美。

1899年，亨利·福特已成功地制造了三辆汽车，他被公认为这一领域的先驱，他的成绩也受到了伟大的发明家爱迪生的私人祝贺。

不过亨利·福特的目标，并不是制造这些有钱人才能坐得起的汽车，他想让多数人奔跑起来。所以在一次交通事故以后，他以200美元的价格卖出了自己的第一辆车。

为了实现自己的大众化汽车梦，他决定先从速度和激情的角度，唤醒大家对赛车的热爱，然后再一步步实现自己的策略——亨利·福特决定亲自驾车参加赛车比赛。

1901年10月，底特律郊外的波音特赛道，已经聚集了来自全国各地的赛车一百余辆，看台上挤满了男女老少。男人们忙着下赌注，而女人们则品尝着香槟酒注视着赛道中充满野性的竞技。

压轴比赛是10英里竞速比赛。参赛选手只有两个，一个是亨利·福特，另一位是世界闻名的赛车手亚历山大·温顿。比赛开始了，富于国际比赛经验的温顿，很快就占据了优势，他娴熟地利用弯道技巧将福特抛在了后面，而福特则有些手忙脚乱，拐弯的时候差点冲出了赛道，眼看这就是一场毫无悬念的比赛。突然，戏剧性的一幕出现了，温顿的赛车冒出了黑烟，在赛道上抛锚了。最后，福特的赛车以12分23秒的成绩夺得了冠军。

从此，亨利·福特成为底特律的新城市英雄，大家不会觉得福特侥幸赢得了比赛，相反，福特的一切正成为年轻人们热捧的对象，很多少男少女将福特赛车的"999"标志作为文身，招摇过市，认为这是一种很酷的表现。

此后，亨利·福特借助赛车的影响，不断接近和实现自己的目标，他并不在乎赛车的速度，他只是希望自己的汽车以及自己在赛道上的精彩表演能引起社会的注意，以使自己有机会重进生产领域。

他亲自驾驶自己制造的汽车进行表演。在不断的改进中，这些车的马力越造越大，速度越来越快，于是福特创造了出色的纪录。发行量很大的商业杂志《无马时代》刊载文章，称福特为"速度之魔"。

1902年夏天，亨利·福特邀请前自行车冠军奥尔德·菲尔德驾驶自己制造的"999"参加了比赛，结果出乎大家的预料，他将第二名整整落下了300多米。福特只是想告诉大家，谁来驾驶都一样，重要的是，你驾驶的是福特赛车。这个天才的营销创意，好像是免费的广告宣传，影响力巨大。

热心于"999"赛车成绩的人中，有一位叫亚历克斯·马尔科姆逊的人。他是当地一名阔绰的煤商，正打算拿出一笔钱投资汽车业。经过调查，他觉得福特正合自己要求：在汽车界已有名气，又是精明能干的工程师，没有其他的债务纠缠和商业往来，福特的周围还有一批才华横溢的同事。所以，在奥尔德·菲尔德的精彩表演后不到一个月，马尔科姆逊就找到了福

特，两个人的谈判促成了福特汽车公司的成立。

创新只是结果，背后必定有诸多不为人知的艰辛和努力。

列文·胡克是显微镜的发明者，他的发明使人类第一次面对微生物的新奇世界。

而列文·胡克只是荷兰的一个政府看门人。他看门的时候，闲来无事，就以磨镜片打发时间。一次，他无意间透过两个镜片看一个叶片的时候，发现上面有很多自己从来没有见过的新奇东西——一个个小人国居民一样的细小生物。原来，一个叶片上的生物竟然比荷兰王国的居民还要多。

一个看门人发明了显微镜，成为微生物学的创始人。很多人不理解，围着列文·胡克讨教成功创新的秘诀，列文·胡克什么也没说，只是伸出了因天长日久打磨镜片而布满伤口和老茧的手。

亨利·福特和列文·胡克都是伟大的发明家，他们在得到一点点启示以后就能继续钻研，在不为人知的角落里把他们的想法变成现实。在人们对机械和微生物这两个领域的认知基本为零的时候，他们敢为天下先，走在时代的前面，他们无愧于"伟大"两个字。

第三节　选择出发，并渴望到达

不畏浮云遮望眼，只缘身在最高层。

——王安石

　　1985年，牛津大学的工作人员发现，学校有350年历史的礼堂已经成了危房，必须更换礼堂的20根巨大的横梁。但是这种横梁是用多年的橡木制成的，很稀少而且价格昂贵无比。学校正在思考对策的时候，园林部的负责人说，350年前，礼堂的设计师已经预见到了现在的情况，在郊外的园林里种植了几十根橡木，现在每一棵橡树的尺寸都符合横梁的需要。

　　那个设计师的姓名已经不可考了，但是他的远见让人肃然起敬，正印证了一句名言：凡事预则立，不预则废。

　　很多成功者是富于远见、不贪图眼前利益的战略大师。

　　当被问到"是谁发明了汽车"这个问题时，许多人不假思索地回答：亨利·福特。

　　这个普遍的误解正是对亨利·福特的赞美——是他使千千万万的平民圆了自己的汽车梦。

　　虽然亨利·福特不是汽车的发明者，但是，亨利·福特可以拥有所有的荣誉，因为是他使汽车不再遥不可及。他的指导原则是："制造一辆适合大众的汽车，价格低廉，谁都买得起。"

现代化进程中的三要素：钢铁、石油和交通，为亨利·福特和早期的福特汽车公司布置了舞台。现代钢铁时代拉开序幕，石油部门在阿勒格尼河河谷铺设了一个庞大的输油管网络，这个网络最终将为7500万辆汽车提供燃油。铁轨已经贯穿整个美国大陆。这样，材料、动力和交通都不是问题，汽车的黄金时代也即将来临，而拉开黄金时代大幕的，正是亨利·福特。正是亨利·福特的这种远见和激情促成了福特汽车公司的诞生。

经过几次磋商，马尔科姆逊和亨利·福特决定长期合作。亨利·福特的责任就是制造出富于竞争力的汽车样品。而马尔科姆逊则忙于公司的财务和组织工作。

福特公司的第一批样品，不是风驰电掣的赛车类型，而是走了亲民路线，经济实惠，经久耐用，价格仅为850美元。样车推出后，市场反应出奇好，各个代理商常常将福特公司的大门围住，生产一辆汽车就被拉走，有的甚至没见到汽车就将预付款打到福特公司的账户上。福特公司成立之初的15个月，竟售出汽车1700辆。扣除生产成本，净盈利达到了10万美元，这在当时堪称丰厚的收益。

1906年，马尔科姆逊出售了福特公司的股份，亨利·福特升任总裁。这时汽车的需求量达到了井喷的状态，福特公司的年销售量达到了20000辆，福特公司也成为行业的翘楚。

福特公司的伟大之处，不在于生产出多少汽车，而在于它的掌舵人一直在思考一个问题：我们究竟需要什么样的汽车？当时的惯用做法是进行简单的市场调研，然后研发人员进行讨论，之后开始设计、生产环节。

1906年，福特第一次独揽大权的时候，公司的销售遭遇了滑铁卢。原来，福特公司的设计部门的设计理念出现了偏差，他们错误地判断了市场的需求。

滞销震惊了公司官员，福特更是颇为恼火，召开了一次划时代的会议。

"你们说，谁是汽车市场的真正需求者？"亨利·福特面色难看，指着报表上令人尴尬的数据。

"我们觉得是那些有钱人，因为汽车是奢侈品，只有那些中产阶级以上的人，才有能力和金钱拥有它。"设计主管有些心虚，他定了定神，回答说。

"那他们需要多少钱，才能拥有我们的汽车呢？"福特脸上充满了嘲讽。

"最高的售价为2000美元，最便宜的售价为1000美元。"销售主管回答道。

"先生们，我们的利润下降得厉害，现在可以称得上雪崩一般的灾难。我们的利润不及先前的1/3。你们提高了价格，看似有更多的利润空间；但是数量下降了，实际上，我们一直在赔本赚吆喝。"亨利·福特顿了顿，环顾四周低下头的下属，接着说，"知道吗？比方说在一个角落里，洒了很多蜂蜜，吸引了很多苍蝇，没有一只苍蝇舍得离开，因为他们要疯狂地吸吮甜蜜的蜂蜜。不久，这些贪婪的苍蝇都飞不走了，脚被蜂蜜的汁液黏住。你们知道它们在濒死的时候，想些什么吗？"

"我们真的是贪婪的虫子，为了一时的快乐，为了眼前一点点蜜糖的诱惑，却赔上了最宝贵的生命。"亨利·福特说。

"知道你们是什么？"福特的双手挥舞着那印满了报表和数字的纸张，好像在驱赶贪婪的苍蝇一样，"你们就是那些可怜的虫子，记住，先生们，汽车的主人永远是大多数人，汽车不是少数人的玩具。还请记住，贪婪是一切祸患的根源。如果我们不能按照平民原则生产，不能本着诚实的心定价，那些恶毒的蜜糖，就是你们的坟墓！"

福特公司迅速调整了生产和销售思路，转为薄利多销。第二年，公司调低了汽车的售价，但是配置并没有缩水，慢慢的，销售额和利润都奇迹般恢复到了原来的水平。

尽管当时全国性经济萧条已经露头，到了1907年，很多公司因为资不抵债而破产倒闭，而福特公司却逆势上扬，净盈利达到125万美元。

这一切都要归功于那次会议中，亨利·福特提出的设计平民化原则和薄利多销的销售原则。

亨利·福特心中始终有一个平民情结，他甚至宣布，福特公司今后的生产，只会在单一而廉价的品种中选择。亨利·福特的这一决策，至少在创业的初期，有着无可争辩的指导意

义。因为面对一个新奇的产品，重要的不是小众的欣赏，而是大众的普及，因为只有量的普及率上去之后，才会培养消费习惯和审美习惯。

在创业初期，亨利·福特考虑的不是极致化的体验，不是速度的激情，也不是为富贾商人做一款中看不中用的玩具，这种思路堪称超前，看似违背市场规律，实则有很强的民间智慧。生产定制类的汽车，表面看附加值很高，但是在产品的推介阶段，并不能带来很好的经济效益。这种差异化的个性汽车思路，只适合汽车普及之后的提高阶段，而在福特的时代是"实用主义"至上。

亨利·福特相信，人生就是一场和自己赛跑的马拉松，起点在哪里不重要，装备如何精良也不重要，重要的是，你选择了出发，并渴望到达。

第四节　坚信才能坚持

凡是新的事情在起头总是这样的，起初热心的人很多，而不久就冷淡下去，撒手不做了，因为他已经明白，不经过一番苦工是做不成的，而只有想做的人，才忍得过这番痛苦。

——陀思妥耶夫斯基

一位叫乔治·塞尔登的人，给福特公司带来了大麻烦。这个塞尔登拥有一项由内燃发动机供能的"公路机车"专利。这个专利其实很模糊，但可以通过电力、石油、蒸汽等动力作为汽车引擎，令人难以理解的是，政府居然批准了这个概念模糊的专利。为保护其专利，他成立了一个强大的集团公司，向入选的生产商颁发授权许可，向每一辆在美国生产或销售的"非马车"抽取特许使用费。

后来，一个叫威廉·惠特尼的商人，出资20万美元买下了塞尔登的专利。他成立了哥伦比亚电气公司，向底特律的10家汽车公司提起诉讼，要求支付高昂的专利费。其中9家妥协了，要向这个资本家缴纳利润的15%，这可是个天文数字。

亨利·福特并没有将所谓的"塞尔登专利"放在眼里，他的内心深处，一直将德国人欧特的内燃机引擎理论作为自己的核心技术来源，根本没有所谓的"塞尔登理论"。所以亨利·福特一针见血地指出："这一切不过是底特律的资本家们玩弄的金融占有把戏。所谓的专利费，纯属子虚乌有，我们坚决不能支付本不存在的专利费，一旦妥协，必然会加重消费者的负担，那样就是可怕的恶性循环。"福特汽车公司在没有塞尔登授权的情况下勇敢地投入了生产。

福特公司的麦克大道工厂刚刚开业，汽车工业联合协会就对福特汽车公司提出了指控。

其他更加强大的汽车公司，都选择了支付特许使用费，而不是冒险与塞尔登作对。但亨利·福特相信乔治·塞尔登对所有内燃机驱动的公路车辆所拥有的专利无效，必须予以抵制。于是他和合作伙伴们决定为诉讼进行斗争。

这样的对抗使得刚成立的福特公司陷入了旷日持久的困顿之中。

一天，在麦迪逊广场上举办了声势浩大的汽车展，因为诉讼的缘故，汽车工业协会故意将福特公司的展厅，安排在一个最不引人注意的位置，地下室里堆放煤块儿的一个小仓库。这里不仅偏僻，而且根本不会有人光顾。汽车展结束了，福特展厅的顾客人数为零。

亨利·福特感到万分愤怒，他要以特殊的方式予以反击。

在一个寒气逼人的清晨，鹅毛大雪纷纷扬扬地飘洒着，一辆漆着红色箭头的"亚罗号"停驶在克雷尔湖畔。亨利·福特坐在"亚罗号"的驾驶座上，副驾驶的位置上坐着的是一位名叫哈佛的年轻技师，10岁的儿子埃兹尔·福特依偎在妈妈身边，静静地坐在后座上。前天晚上就得到通知的一群记者，为抢拍照片，早已在此等候了。

"亚罗号"慢慢爬上湖畔的大堤，逐步滑向了结冰的湖面。福特的助手哈佛冻得浑身冰冷，他其实也不明白，眼前这个疯家伙为什么竟敢拿着老婆孩子的性命冒险，他不由得抓住了一个扶手。油箱里加满了五加仑的汽油，湖面上已被穿冰鞋的公司职工们撒满了灰。湖面并非是一块明镜，各种裂纹和凸凹看起来有些触目惊心。在这样的冰面上狂飙突进，简直就是玩命！

"亚罗号"一会儿飞滑，一会儿腾跳，车身时常因为强烈的漂移而摇摆不定。激起的银色的冰块、冰粉飞溅到众多围观的人群身上，这一幕紧张刺激，不亚于好莱坞惊险电影。

亨利·福特沉着冷静，拼命握着方向盘，向前全速行驶。埃兹尔·福特的小手使劲抓住了妈妈，他觉得爸爸是个英雄，跟着爸爸就有说不出的安全感，无论爸爸做什么。克莱拉·福特知道危险所在，她脸色煞白，但这个识大体、顾大局的女人仍然保持着镇静自若的表情。

汽车慢慢减速，亨利·福特回头看看妻子和孩子，终于稳稳地刹住了车。他成功了！第二天，福特"亚罗号"汽车冰上

疾驶的消息，在底特律各大报上纷纷登出："福特驾车奔驰在冰冻的克雷尔湖面上，时速90英里，刷新世界纪录。"

第三天，福特的广告便见报了："未缴不当专利费的福特车，速度快、价钱低，是大众的汽车，不是赛车用的奢侈品。"

亨利·福特勇敢地接下了汽车工业联合协会的第一招，接下来他开始应付第二招。

因为汽车工业联合协会曾经扬言，那些买了违反专利权的福特车的买主都要被起诉。所以，如果福特在法庭上败诉，那么买福特车的人也许会害怕。但是，如果福特汽车公司能胜诉，那将是对福特车的最好宣传。

亨利·福特自信可以打赢官司，他坚信，市场独占者们的气焰是不会持久的。事实上，与汽车联合协会的这场官司非常难打，如果亨利·福特有一点动摇，他都会输得一败涂地，好在他坚持到了最后。

8年后，即1911年，历经耗资巨大、难以置信的复杂法律诉讼程序之后，福特汽车公司赢得了这场使自己和整个蓬勃发展的汽车工业摆脱威胁的战争，走上了继续发展的道路。

与此同时，尽管有来自塞尔登专利诉讼的烦扰，福特汽车公司的业务却蒸蒸日上。此前，汽车属于有钱人。但是，亨利·福特设计出了一辆梦想之车——福特T型车。这是一款既简单又坚固耐用，而且人人都买得起的汽车，这是亨利·福特的梦中之车。

福特T型车一出场就成为了当时最受欢迎的汽车。T型车的定价积极变更，最后不加选装件的售价仅为260美元，但几乎每个人都喜欢选装其他的实用配件，即便这样，每辆车的平均价格也只有400美元。

亨利·福特坚持自己的信念，最终迎来了胜利的曙光。成功不仅需要公关技巧，还需要对事业的坚守，因为坚信，才能坚持。

第五节　简单孕育伟大

> 简单的事情考虑得很复杂，可以发现新领域，把复杂的现象看得很简单，可以发现新规律。
>
> ——牛顿

1903年到1908年之间，亨利·福特和他的工程师们狂热地研制了19款不同的汽车，并按字母顺序将它命名为福特A型车到S型车，其中有一些只是试验性车型，从未向大众市场推出。这些车型今天可以叫作概念车，有的只是理念，有的干脆就是一种梦想，但这些汽车最终成了T型车的技术基础。

T型车于1908年10月1日推出，很快就成为了市场的新

宠，令千百万美国人着迷、疯狂。T型车不仅为人们提供了一个完美的交通平台，价格也很合理，最初售价850美元。亨利·福特希望T型车能够让大众都买得起，操作简单，结实耐用。随着设计和生产的不断改进，价格最终降到了260美元。

第一年，T型车的产量达到10660辆，创下了汽车行业的纪录。到了1921年，T型车的产运已占世界汽车总产量的一多半。亨利·福特的目标是生产"全球车和万能车"，不论从哪方面讲，他都成功了。自第一辆T型车交货以来，直至1927年夏天T型车成为历史，共售出1500多万辆，全世界一半以上的注册汽车都是福特牌的。

T型车不仅改变了世界，而且至今仍代表着推动福特汽车公司前进的、不断创新和客户至上的理念。

T型车创造了多项世界第一。如第一个将方向盘安装在左侧，使乘客出入方便。第一个将发动机气缸体和曲轴箱做成单一铸件，大大减少了器材的磨损和更换率。第一个使用可以拆解的汽缸盒，大大方便了工人检修。第一个大量使用轻巧耐用的钒钢合金。第一次安装了灵巧的齿轮变速器，让新手也觉得换挡轻松自如。

T型车所有的创新，使得它成为世界城市化进程中个人交通工具的最佳选择。T型车还通过好莱坞电影进行传播，"她"是好莱坞早期无声电影中的汽车明星，影响力遍及世界各地。T型车成了著名影星青睐的汽车，人们亲切地称之为"莉琪"。

亨利·福特还为"莉琪"召开了一场别开生面的发布会。会上，记者频频向亨利·福特发问。

"请问福特先生，对于金钱您怎么看？"一名女记者问出了第一个问题。"女士，可能令你失望了，除了用来付账之外，我实在不知道钱有什么用处。"亨利·福特做出了简单的回答。

的确如此，亨利·福特一生都念念不忘农场生活的朴素和简洁，即使在成为美国的第一个亿万富翁之后，仍是如此。也许是由于这种贫民背景和农夫天性，亨利·福特在制造汽车时铁了心要制造大众汽车。他所设计的T型车非常简单、朴素，没有任何一件从机械性能上说不必要的零件，没有任何一点为舒适而设计的附加装置，但却非常结实，非常容易维修，一般普通人都可以自己动手修理。

第二个问题是关于"莉琪"的体型。

有记者问："福特先生，我觉得T型车像个农村丫头，浑身像农民一样，只有骨头和肌肉，没有一点脂肪赘肉。"

"说的好极了，先生。"亨利·福特很满意记者的比喻，丝毫没介意记者的话外之音。在他眼里，"莉琪"就像个刚刚从田间地头劳作归来的农场少女，"我设想的是一种万能汽车，能使农民们乘坐它去城里购物，去地头干活儿。它又可以拆开用来提供动力。你可以锯木、汲水，甚至能驱动引擎去挤奶和搅乳。"

当时的车辆包括T型车在内，都面临征服马车时代遗留下

来的路面的难题。一般的汽车都经受不了危险的小路和复杂路面的考验，而T型车的每一个零件都是针对这种情况设计制造的。与当时其他类型汽车相比，T型车具有经久耐用、构造精巧和轻盈便利的优点。这种车底盘较高，可以像踩高跷那样通过乱石遍布或类似沼泽的路面，具有能穿越沙地、腐土和泥潭的优良性能。

第三个问题是关于T型车的价格。

"福特先生，T型车浑身上下找不到一丝装饰或华而不实之处，百分之百地实用。这正是我们所希望的样子。那么，将来它能否出一些高级版本，以适合更多富裕阶层的人的需要？"

"这种车就是让普通人也买得起。T型车去掉了所有的附件，就像别针或火柴一样普通平凡，这正是我的梦想。我是为大多数人造车，而不是为少数人。"亨利·福特坦诚地说。

亨利·福特是个虔诚的教徒，在他的内心深处，开豪华车是一种奢侈浪费，一种腐败堕落，这和敬畏上帝、敬畏生命的教义严重背离。他自认是农夫之子，对上流社会有一种天生的厌恶，所以他最后说："只要拥有一辆福特车，世上就没有一个你去不了的地方，只有上流社会除外。"

Ford

第三章 认真对待工作

Ford

第一节 放弃抱怨的权利

> 人生是不公平的，习惯去接受它吧。请记住，永远都不要抱怨！
>
> ——比尔·盖茨

亨利·福特被美国人称为"汽车之父"。他率先采用流水线组装汽车，第一次实现了平均每10秒钟组装一部汽车的神话。不仅使得平民开汽车成为可能，他的流水线模式和创业精神，一直深刻地影响着世人。

福特汽车公司有一定规模后，急需扩大生产能力。为此，有一次，亨利·福特在高层会议中建议改进现有的装配流水线，从而提高生产效率。没想到，这个提议马上遭到很多人的激烈反对。

经济保守派说："改进已经成型的装配流水线，至少有两个方面的风险，一是要大量的资金购买新的模具，二是需要重新培训熟练工人，这样做风险太大了，所以反对上马新设备。"

战略保守派说："公司现有的设备也没有老化，运转良好，效益良好，所以没有提高效率的必要，盲目上马新设备会造成浪费，根本没有必要。"

听完大家的意见，亨利·福特没有像往常一样激动地敲桌子，而是静静地举起桌上的玻璃杯问："你们看到了什么？"

有人担忧地说："杯子已经空了一半，里面的水不多了，要加水。"

"恰恰相反，别悲观，"有人乐观地说，"杯子里还有一半水，足够了，至少还有半杯水可喝。"

"和你们不同，我看到的是闲置和浪费，因为杯子容积是水的2倍。"亨利·福特敲一敲玻璃杯子的杯口，对员工循循善诱地说，"水是固定的，只要有一个比现在小一半的杯子就可以装下。用一只大杯子，却只做了一只小杯子能做到的事，是对资源的浪费，就是低效率。流水线上的工人，就是我们的大杯子，他们都是经过多年培训和实践的精兵强将，这些人有至少一半的潜力没发挥出来。我要做的是加入更多的水，然后我们就可以用大杯子来盛更多、更好的东西了！"

会议的结果可想而知，大家通过亨利·福特的比喻，明白了公司的处境和潜力，没有人再抱怨什么，都投入到全新的工作中去了。新设备顺利投产，公司的利润更是节节高升。

亨利·福特告诉我们，人生就像杯中之水，如果你的天赋允许你盛满一杯水，你就要找到那个适合你的大杯子，而不是徘徊不前，畏首畏尾，或是怨天尤人，瞻前顾后。聪明人懂得将自己的潜力发挥到极致，他们没有时间抱怨。

还有一次，亨利·福特发现其他公司四缸汽车的性能非常优异，而本公司的技术人员只能生产两个汽缸的汽车，于是他来到设计室，对所有科研人员说："现在我宣布一个计划，公司决定让你们研究生产四个缸的汽车。"

"我们也想研制，不过董事长先生，短时间内不可能生产。"科研人员听了以后都很茫然，因为这是最新技术，并没有普及。

"不管可能不可能，我的字典里没有不可能的字样，你们给我研究就是了。"亨利·福特挥了挥手，扬长而去。

"福特先生，我们已经用尽了科研手段，但是得出的结论恐怕令您失望了，我们认为，在现有的科技条件下，四个缸的汽车是不可能生产的。"一年以后，科研人员带着一年前的结论找到了老板。

"你们这些家伙，让你们研究，你们继续研究就是了，抱怨什么科研条件不足，只要太阳还照常升起，明年我要的还是四缸汽车。"亨利·福特这时有些生气了，他扬手指了指窗外说。这些优秀的科学家都无可奈何，但是既然老板坚信能研制成功，继续研究就是了，于是大家更加努力地研究。

"报告老板，我们尽力了，确实无法成功。"到了第二年底，他们主动找到福特先生，委屈地说。

这时，亨利·福特再也没有和颜悦色，而是大发雷霆："你们这些白痴！愚蠢的家伙！明年再研制不出四缸汽车，就把你们集体辞退！谁再说不可能，现在就滚开！大家一起，群策群力，我预感你们离成功很近了。"

这些科学家垂头丧气，却又无可奈何，只有再加把劲了。没想到，没到半年，四缸汽车的动力模拟图，终于绘制完成。亨利·福特笑容可掬，来到设计室，和大家分享成功的喜悦。

"你不是说不可能吗？为什么不到半年就研制出来了？"亨利·福特问那个当年否定四缸汽车研制最厉害的科学家。

"对不起，福特先生，我想问题出在了我们的意识里，原来我们固执地认为，完成这个任务是不可能的。可是这半年，我们每个人都问自己一个问题，我们如何才能生产四个缸的汽车。"那个科学家不好意思地说。

"是的先生，问题的核心出在你们的态度上，最开始你们给自己一个错误的暗示——我何必要生产四缸的汽车？但是后来，你们转变了问问题的角度，不再互相埋怨，用消极的情绪影响彼此，而是积极地问自己——我们如何才能做到？"亨利·福特先生很满意他的回答。

亨利·福特所讲述的道理，在动物界也有类似的例子，比如，在南太平洋群岛的沙滩上，每年秋天都会看到壮观的场景，诸多北方的候鸟如云朵一样，蔽日而来。但是人们发现，很多鸟儿一旦接近目的地，就会闭上眼睛动弹不得，它们历经了长途跋涉，没有死于暴风骤雨，没有死于茫茫沙漠，却死于抵达目的地之前的碧波沙滩之上。

这样的悲剧为何会发生呢？如果它们的终点延长几公

里，他们一定能坚持下去，顺利地到达终点。一旦支撑一个人的信念丧失了，人的精神支柱就会轰然倒塌。俗话说，行百里者半九十，就是这个道理。

失败并不可怕，可怕的是失败者往往倒在了距离成功最近的地方，他们本来可以触摸成功，但是绝望和抱怨摧毁了他们的意志。

福特的两次会议，其实都是在激励他的员工，他以近乎偏执的口吻，告诫员工放弃抱怨的权利，如果大家一直在思考解决问题的方法，没有做不到的事情。

第二节　今天只做今天的事

　　　　　　　明日复明日，明日何其多。我生待明日，万事成蹉跎！

　　　　　　　　　　　　　　——文嘉

福特汽车公司的总经理艾克卡是一个传奇性的人物，每个月他的行程都排得满满的，成千上百的机构和团体聘请他担任顾问，前去演讲。他所到之处，都是镁光灯闪耀的焦点，不亚于走红地毯的影视明星。一个职业经理人创造了生产和销售的奇迹。

给世界装上轮子的福特

艾克卡的人生格言成为很多美国人的座右铭：今天只做今天的事。

年近六旬的艾克卡是个壮硕的大个子。他走路虎虎生风，和其他职业经理人不同，他喜形于色，风趣幽默。他又具有所有优秀经理人的素质，能在最短的时间做出决定，并且马上实践它。有人开玩笑说，艾克卡比美国总统厉害，美国总统只要挽救一个人就行了——他糟糕的前任，而艾克卡却完成了不可思议的奇迹，拯救了两个汽车帝国：福特和克莱斯勒。

艾克卡小时候，他的父亲拥有一辆当时最时髦的福特T型车。父亲平时没事就爱钻到汽车下面摆弄零件，这给了艾克卡极为深刻的印象，所以他对福特公司产生了好感。

21岁的时候，艾克卡终于圆了童年的梦，到福特汽车公司当了一名见习工程师。不过他根本不喜欢和没有生命的东西打交道，他对技术维护更是毫无兴趣。这个外向的大个子喜欢和人相处，他的能耐是，只要和你认识两分钟准会把你逗得前仰后合，和你成为好朋友。这个不安于现状的见习工程师，终于靠自己的坚持当了一名汽车推销员。

刚起步的时候，艾克卡是宾夕法尼亚州的一个小销售员，他的任务是同当地的汽车商密切合作，通过沟通提高销售业绩。不过事情的开始总是不很美妙，他第一个月的销售成绩是零。这个耻辱的鸭蛋，压得艾克卡喘不过气来，他极度自卑，甚至怀疑自己是不是一无是处。

在月末的总结会上，艾克卡情绪低落，蜷缩在角落里有些不知所措。因为在本地区的13个小区中，他的销售情况最糟。这时，他的顶头上司查利，一个风度翩翩的老头走到他面前，洁白的衬衫一尘不染。

"为什么垂头丧气？小伙子，总有人要得最后一名的，何必对已经发生的事情念念不忘呢？这不是自寻烦恼吗？"查利把手放在艾克卡肩上说。

艾克卡第一次听到这种鼓励，因为他本以为上司会劈头盖脸臭骂自己一顿，他甚至想到了辞职、流浪等种种恶果，但现在才发现，这一切的忧虑，不过是杞人忧天。

"给我记住，小家伙，可不要连续两个月得最后一名！"查利走开几步，又回过头来重重地拍了艾克卡一下。

查利的第一次轻拍，给了艾克卡安慰和自信。第二次重击，让艾克卡警醒。不能再混日子了，必须主动迎接挑战。

经过几天的冥思苦想，艾克卡灵机一动，想出了一个推销汽车的绝妙办法：谁购买一辆1956年型的福特汽车，只要先付20％的首期货款，其余部分每月付56美元，所有的余款分3年付清。这样，一般的消费者都负担得起。艾克卡把这个办法称为"花56美元买五六型福特车"。

这个广告口号一经宣传，马上起到了惊人的效果。仅仅3个月时间，艾克卡从原来的最后一名，一下子跃居榜首，销售成绩从零一跃升至500辆。后来，福特公司在全国推广他的办法，并提升他为福特总公司车辆销售部经理。

艾克卡在福特公司的工作顺风顺水，他常常第一个上班，又最后一个离开。靠自己的奋斗，他终于当上了福特公司的总经理。

在任时，他发现了福特公司的弊端，生产设计老旧，根本不能适应新时代的需要。战后的美国经济迅速复苏，一批中产阶级成长起来，他们需要的不仅是代步工具，而是能实现多种用途的全能汽车。于是，他组织研发了"野马"牌新车。

1965年，"野马"车的销售量打破了福特公司的纪录。"野马"车大功告成，"野马"二字成了一种新时尚。成了追逐时尚的年轻人钟爱的目标，这些反潮流的青春期叛逆者，以野马标记为荣，一时间，野马牌的帐篷、手表、渔具纷纷出现。有一间冰淇淋店甚至打上了这样的标语："本店自制的冰淇淋像'野马'一样酷。"

一时间，艾克卡风光无限，仿佛将世界踩在自己脚下。

但是1978年7月13日，或许是功高盖主，或许是他过于强悍的个性引起了一些人的妒忌。

"艾克卡，你被解雇了。"福特二世给他打了一个电话。

32年的福特公司工作经历，8年总经理，忠心耿耿的艾克卡一瞬间崩溃了！

他想过杀人或自杀，他酗酒堕落。平时呼风唤雨，现在却门可罗雀。因为和他亲近的人都成为了清洗对象。艾克卡被解雇一周后，公关部的经理墨菲，接到了大老板福特二世半夜里打来的电话："你喜欢艾克卡吗？"

“当然！”墨菲回答。

“那你被开除了。”一切就是这么简单，一切又是那么绝情。

艾克卡痛定思痛，得出一个痛苦的人生教训：有些人只能同患难，不能共享福。在一场突如其来的变故中，艾克卡的要求变得极为简单。

“如果当时有人给我打个电话说：'伙计，别灰心，我们出来喝杯咖啡聊一聊好吗？'我也会感到宽慰。”他后来回忆说。可是，没有人说这种话，更没有人像当年的查利一样，走过来，轻轻拍拍他的肩膀，说：“没关系，小伙子。”

“你还能选择什么？除了深呼吸，然后让自己放松，走向那个困难。”艾克卡说到做到，他接受了命运的挑战。

艾克卡应聘到濒临破产的克莱斯勒汽车公司，出任总经理。他一到克莱斯勒，就发现这是一条待救的沉船。当时的克莱斯勒汽车公司秩序混乱，各自为政，资金流中断，因为银行不肯为这个濒临破产的企业冒险担保。

艾克卡以他的魄力和大无畏的开拓精神，对企业进行了大刀阔斧的改革，整肃纪律，安顿员工，在国会上舌战国会议员，争取到大财团的巨额贷款，终于重振企业雄风。

他针对福特的T型车，推出了更舒适、更时尚的K型车，使克莱斯勒起死回生，成为在美国仅次于通用汽车公司、福特汽车公司的第三大汽车公司。几年后，艾克卡偿还了8亿美元的债务，并宣布克莱斯勒公司一年盈利24亿美元，相当于公司

成立以来净利润的总和。

一个福特公司解雇的员工，创造了汽车销售史上的奇迹。有人问艾克卡是否恨福特公司当时决绝地把自己一脚踢开。

"恰恰相反，我爱福特公司。"艾克卡说，"因为在那里我学到了很多，其中最重要的一句话就是我的老师查利的一句话——你不要指望未来会有好运气，要做什么，现在就去做。"

第三节　信任的力量

我劝天公重抖擞，不拘一格降人才。

——龚自珍

2006年9月，福特汽车公司突然宣布，波音制造公司的前任副总裁埃伦·穆拉利出任福特公司总裁兼首席执行官。这也意味着，在49岁的比尔·福特执掌这个家族企业5年之后，福特家族又一次把掌舵人的位置让给了职业经理人。

比尔·福特"让贤"的唯一理由是对方比自己更有能力，穆拉利在处理危机公关和管理大型公司方面具有丰富的经验，这使得比尔确信，穆拉利能使这个百年企业重新焕发青春，在新世纪创造新的辉煌。

比尔·福特在给公司员工群发的电子邮件中说："可以看出，我们最近的处境不是最好的，我必须承担这个责任，因为我是引路人。"他丝毫不隐瞒自己的焦虑："穆拉利是目前最合适的人选，我们的公司虽然叫福特公司，但并不意味着我们福特家族的人就是天然的领路人，到了改朝换代的时候，必须做出决定，只要这一切对公司的发展有利。"

比尔·福特的主动"让贤"赢来一片掌声，因为在美国人的心目中，福特公司就是亨利·福特及其家族的代名词。创造了汽车史上奇迹的老福特，一度刚愎自用，不信任任何职业经理人，终于在故步自封的状态下，公司的业绩江河日下。而同时期的通用公司和克莱斯勒公司之所以能迅速崛起，也和他们培育、发现并重用了一批优秀的职业经理人有关。后来，福特公司学习了职业经理人任职的先进经验，才扭亏为盈，重新崛起。

在任人唯贤还是任人唯亲的问题上，福特公司曾经出现过摇摆。的确是这样，一方面，有可能演绎一段父子传承的商业传奇，另一方面，又可能演化为父创业、子守成、孙破落的"富不过三代"魔咒。其实，不管是家族成员还是职业经理人，不必刻意强调亲疏关系，只要我们能够像福特家族那样把握一个用人标准：一把钥匙开一把锁，适合的人就是对的人。还有一点，要平时多注意人才的培养和重用，不能临时抱佛脚。

和创造世界名牌的人

一起放飞梦想

斯坦因·曼斯，是祖籍德国的一名技术员，他手法纯熟，技艺精湛。无奈在国内遭遇经济萧条，失业和穷困促使他举家偷渡到美国。斯坦因幸运地得到一家公司老板的器重，聘用他担任维修机器马达的技师。

一次，福特公司道尔工厂有一台马达坏了，公司所有的技术人员全都无力维修，眼看这个马达停止运转，将会延误汽车的生产周期，在大家手足无措之际，有人推荐了斯坦因·曼斯，福特公司就派人请他来。

斯坦因·曼斯来了，他是个高高瘦瘦的德国人，一身洗得发白的牛仔工作服，松松垮垮地套在身上。旁边的工程师都用一种将信将疑的目光打量着这个不修边幅的年轻人，大家都满腹狐疑，他能修理好这个难搞的机器吗？

斯坦因·曼斯什么也没做，他定定地看了机器几分钟，然后要了一张席子铺在电机旁，满脸严肃地听机器运行的声响，在大家怀疑的目光里，爬上了梯子，向下查看半天。最后，他在马达中间的位置，用笔画了一条直线，然后在旁边写上了一行字——"线圈，16"。然后，斯坦因·曼斯没要报酬，转身离去。等到福特公司的人拆开马达电机才发现，果然在斯坦因·曼斯画线的地方，电线的线圈多缠绕了16圈。整个车间沸腾了，大家都在齐声称赞斯坦因·曼斯的神奇表现。

亨利·福特得知此事后，对斯坦因·曼斯的才华十分欣赏，要财务室支付给他一万美元的酬劳，然后又亲自登门拜访，邀请斯坦因·曼斯加盟福特公司。

但出人意料的是，斯坦因·曼斯却一口回绝了大名鼎鼎的亨利·福特先生，他不能离开那家小工厂，因为人要感恩、知足。他不能忘记，在自己最困难的时候，他所在的那家小工厂的老板向他伸出了援手。

亨利·福特先是感到遗憾万分，继而又感慨不已：人人都希望进入福特公司，因为这里待遇优厚，员工受到尊重，人们都以进福特公司为荣，而斯坦因·曼斯却为了报答知遇之恩，放弃了绝佳的个人奋斗机会。不久，亨利·福特做出一个决定，收购斯坦因·曼斯所在的那家小工厂。

"这样一家小工厂怎么会进入福特先生的视野？"董事会的成员都觉得不可思议，大家议论纷纷。

"才华难得，人品更是难得，因为那里有斯坦因·曼斯。他抵得上我的半个公司，因为我们的公司需要这样的精神。"亨利·福特说。

亨利·福特所说的员工精神，包括两个方面。一是能力，这点无需多言。能力如果掌握在人品高尚的人手里，就会为社会做出更大的贡献，如果反之，则势必带来更多关于良知的拷问。二是人品。人品是人的能力施展的基础，是当今社会稀缺而珍贵的品质标签。

人品和能力，如同左手和右手：单有能力，没有人品，人将残缺不全。从这个意义上说，"人品"其实决定着整个组织与个人的方向与前途。提高、锤炼员工的人品素养已成为当前各类单位、组织的重要使命。

品格具体表现在：忠诚。忠心者是企业的首选，能站在企业的立场上思考问题，天天琢磨着为公司赚钱，与领导一起分享自己的智慧和收获，忠心耿耿地维护单位的利益，在诱惑面前经得住考验。

感恩。想想是谁成就了今天的你，是谁给了你工作、学习和成长的机会。同事给予你配合，客户帮助你创造业绩，对手让你看到距离，批评者让你趋向完美。现代社会，有能力有才华的人到处都是，但才能卓越且人品过硬的人却是鲜见，每个组织都真正急需并努力寻找这样的人。

人品决定一切，人品成就未来。

之后亨利·福特网罗了众多斯坦因·曼斯这样的人才。福特公司几经浮沉能够再度崛起，与福特公司的培育人才计划有着密不可分的关系，又和老福特的继任者福特二世给职业经理人发挥聪明才智，施展才华的空间大有关系。自从1980年之后，福特家族的成员，整整20年没有亲自掌管过家族生意。福特汽车公司都是交于职业经理人打理，直到2001年，比尔·福特因为"凡世通轮胎危机"被推上了风口浪尖，才又担任CEO。

从某种角度可以说，家族企业的发展史，实际上就是一部家族企业成员和职业经理人的关系史。

第四节　心中充满阳光

> 眼睛就是身上的灯。眼睛若明亮，全身
> 就光明；眼睛若昏花，全身就黑暗。
>
> ——圣经

福特公司的汽车销售员拜恩是个有理想的小伙子，可是他的销售成绩总是落在别人后面，他几乎绝望了。后来，拜恩找到了公司里的传奇人物乔·吉拉德，向他求教销售之道。

乔·吉拉德被誉为世界上最伟大的推销员，他一个人在15年内卖出13000辆汽车，平均每天卖出三四辆车，被誉为"汽车销售之神"。乔·吉拉德看着满脸真诚的小伙子，决定给他点建议。他给焦虑的小伙子倒了杯咖啡，讲了一个故事：

一位中年女士走进乔·吉拉德的展销室。

"不好意思，我只是路过这里，随便看看，打发一下无聊的时光，给您添麻烦了。"她一开口就表明了来意。

乔·吉拉德和她攀谈起来，她告诉乔·吉拉德自己想买一辆白色的车，就像她表姐开的那辆一样，但对面车行的销售员让她过一小时后再去，所以她就先来这儿看看。说着，女士的声音忽然低沉了下来："这是我送给自己的生日礼物，今天是我55岁生日。"

"生日快乐！夫人。"乔·吉拉德一边说，一边请她进来随便看看，接着出去交代了一下，然后回来对她说，"尊敬的夫人，如果您真的喜欢白色的车，我们这里恰好也有一辆，买不买没关系，了解一下，算是打发时间，您看好不好？"

正说着话，乔·吉拉德的女助手递给他一打玫瑰花。花瓣娇艳欲滴，上面还沾着晶莹的水滴。

"祝您幸福永久，美丽永久，尊敬的夫人。"乔·吉拉德把花双手递给那位女士。

"已经很久没有人给我送礼物了。"她说，"刚才那位推销员一定是看我开了部旧车，以为我买不起新车，我刚要看车他却说要去收一笔款，于是我就上这儿来等他。其实我只是想要一辆白色车而已。"显然她很受感动，眼眶都湿了。

最后，这位女士填写了支票，买了一部高档汽车，从头到尾，乔·吉拉德都没有推销过自己的产品，更没有使用什么销售技巧，他拥有的只是一颗尊重他人的心。无论对方贫穷还是富有，都用一颗真诚的心去对待顾客，那么结果不重要，即使那位女士这次不买乔·吉拉德的产品，以后也会有合作的机会。

"记住，拜恩，真诚是推销员的第一步，真诚而不贪婪是推销员的第一准则。记住，当你予人好处的时候，影响就会像滚雪球一样越滚越大，你的钱包自然会渐渐鼓起来。"

"小伙子，你能卖出什么，并不重要。作为一个推销

Let the dream fly

员，你应该让你的顾客体验到一种幸福，幸福，不是幸运带来的福，而是因为渴望带来的福。它永远在路上，又时时降临在我们身边。调整好自己的心态，要时刻记住运用微笑，用你的微笑打动对方，这样他就能看出你的诚意。微笑可以带来温馨、友谊，可以带来幸福。"乔·吉拉德毫无保留地将自己的销售哲学传递给拜恩。

是啊，能传递幸福的人，无疑是这个世界最伟大的人。为什么有的人感到不幸福？或许是因为他们不善于发现，只看到不幸，而忽略了幸福。有的人缺乏一个人生的目标，有的人总是喜欢无意义的攀比，将自己的生命虚耗在所谓的竞争之中。幸福不是比较级，如果那样，你总会陷入一种无穷无尽的怪圈而无法自拔。

爱因斯坦说，每个人都是天才，但如果硬是以鱼儿爬树的本领来评估他的能力，那么他一辈子都会觉得自己是一条蠢鱼。

对于幸福，不同的人心中，有不同角度的定义。

我们在《汤姆叔叔的小屋》里，或许能找到路遥苦苦追寻的答案。这个小说讲述了这样一个群体，他们为了别人的自由宁愿自己遭到囚禁，他们把自己的痛苦化作别人的幸福，变成了种子，生长出鲜花，为孤苦伶仃的人医治伤痛。他们把为别人付出当作自己最大的幸福。

乔·吉拉德的幸福哲学，给拜恩留下了深刻的印象，这个小伙子开始应用老师的方法。

一天，拜恩去拜访一位客户，但是很可惜，那位客户的态度很不友好，让拜恩吃了闭门羹。尽管拜恩已经从乔·吉拉德那里学习了微笑哲学，但是一开始他就碰了钉子，根本没有应用这种哲学的机会。拜恩很苦恼，向乔·吉拉德诉说了自己的遭遇。

"你不妨再去一次，记住微笑，微笑会带给人一种幸福的力量，你的顾客就会被你的诚意所打动。"乔·吉拉德耐心地听完了拜恩的陈述，沉默了一会儿说。

"但是他不开门啊，我没办法让他体验到我的诚意，微笑根本就没什么用处。"

"那你就一直站在那里。"

"我害怕，害怕被拒绝。实话告诉您，我怕得要命。"

"好吧，亲爱的拜恩，你害怕，是因为你觉得你的面子受不了，但是我问你，是你的面子重要呢，还是卖出一辆优秀的汽车重要？再有，你站在那里的目的是什么？"

"我想进入这位客户的家中，至少让我把该说的话说完，把你教给我的微笑展示完。但是我就是害怕，所以不敢站在客户的家门口。"拜恩想了想，严肃地说。

"那你想想看，你进入客户的家里，最坏的结果会是什么呢？"

"嗯，应该是被人家赶出来吧。"

"那之后呢，你会在哪里？"

"之后，还不是站在客户的家门口等着吗？"

"好极了，拜恩，你看看最坏的结果不过是回到你最初的位置上，你顶多是没前进而已，你并没有失去什么，你还有什么恐惧不安的呢？"乔·吉拉德语重心长地说："只要有一点点希望，我们就要全力以赴。记住！拜恩，第一条，要传递幸福的微笑，第二条，要一直微笑下去。"。

拜恩这样做了，在第五次登门之后，那位先生终于被拜恩的微笑和执着精神打动，拜恩卖出了自己的第一辆汽车。他终于理解了老师的话，一个人的笑容就是最好的问候，能够像灯塔一样，照亮那些不快乐的人。

对于那些愁眉不展、压力过大而阴郁压抑的人来说，一个笑容就像穿过乌云的阳光一样明媚。因为他在用笑容告诉大家，这个世界不光有上司的压力、子女的烦忧、自我的焦虑，还有无数的美好等待着我们去发现。

现在，拜恩已经是一个优秀的汽车销售经理了，他每天都要对着别人微笑，这种微笑不是做作的职业性的微笑，而是从拜恩的心头涌起的真诚的微笑。他现在经常真诚地赞美他人，停止谈论自己的需要和烦恼，懂得尝试从别人的观点看事情。这一切真的改变了他的生活，他不仅收获了地位和财富，还收获了更多的快乐和友谊。

悲观者常常在机遇面前想象困难，乐观者总是能够在困难面前发现机遇。一个成功的推销员，往往会时刻保持乐观的心态，即使再三遭到客户的拒绝，他也会相信成功终会到来；而悲观者遭到一两次挫败后就会懈怠、放弃，并千方百计给自己找一个理由——我已经尽力了，不成功，我只有认命了。

世界上的每一个人，都有追求幸福的权力和自由，但幸福其实不是追逐的结果，更不是别人给予的，幸福来自于内心的呼唤，像乔·吉拉德和拜恩那样，对待任何事情都要微笑，然后，一直微笑下去。

第五节　问题与答案

天下皆知取之为取，而莫知与之为取。

——《后汉书》

在福特汽车公司，生产和销售是同等重要的环节。

下面是福特汽车公司的几道经典测试题。

问题一：

有几个推销员接到任务，到庙里找和尚推销梳子。

第一个人空手而回，说庙里的和尚本来就是秃头，他们根本不需要梳子，这是个根本就无法完成的任务。

第二个推销员销售了十多把梳子。他告诉和尚，梳子的好处有很多，经常梳头就会舒筋活血，身体好，而且梳头的时候能改善微循环，于是他卖出了十几把。

第三个推销员销售了一百多把。他劝解和尚买木梳，他们说自己并不需要木梳，因为没有头发，但是销售员说并不是给和尚用的木梳，而是给那些虔诚的香客使用的，因为香客们磕头点香的时候，一旦头发凌乱必然会影响香客们虔诚朝拜的心情，也会影响到他们向功德箱里捐款的心情，所以有必要在佛像前准备一把木梳，因此，他推销出了一百多把木梳。

如果你是个推销员，你该怎么做呢？

答案：

这是个逆向思维的问题，这个问题的陷阱就在于，它提前穷尽了应试者回答问题的各种角度。需要应试者从多种角度看待这个问题，并且把寻常的思路转化为逆向思维。在看似天方夜谭的推销中，考察的是应试者思维的深度和广度。

满分答案是：他认识到，无论是和尚还是香客，都不是很需要木梳，因为和尚的自然身体条件，不需要木梳，因为香客的短暂停留，很少应用到木梳，他抓住了寺庙生存的基本来源——香客的捐赠。

他对和尚说："来而不往非礼也，我们接受了香客的捐赠，需要回报给人家一些简单的礼物。木梳是个不错的选择，如果再将木梳上刻上寺庙的名号，就会扩大寺庙的影响，如果再在木梳上刻上一些佛家的经典语句，就会弘扬佛法大义，这样一来，香客们就会自愿捐赠。"以一种雅致的方式推销了最家常的木梳，可谓是智慧的回答。

问题二：

在美国有一家制鞋工厂，为了扩大市场，厂长派一个推销

员去一个孤岛，向原住民推销鞋子。那名推销员来到孤岛上，发现那里还是男耕女织的原始风貌，根本没有穿鞋的习惯。所以，失望的推销员给老板发了一封电报："这里的居民不穿鞋子，所以无法推销我们的产品。"

如果你是推销员，你该如何做？

答案：

这个问题有些棘手，因为我们要面对的不光是思维逻辑的陷阱，更是一个很难改变的现实，对方几乎没有客户，而且连潜在的客户也是不存在的，根本就不需要我们的产品——鞋子。但是这道题的考点也恰恰在于此，我们如果面对一点危机就束手无策，显然不是一个合格的推销员，我们需要的不光是一个成熟的市场，更需要无中生有，去发现市场，培育市场。

满分答案是：当发现原住民并没有鞋子的时候，马上告诉老板："这个地方的居民没有穿鞋子的习惯，这正是巨大的商机，请你速寄来大批鞋子，你负责邮寄，我负责培养居民穿鞋的习惯。"

问题三：

一个暴风雨之夜，你开着一辆车经过一个车站。有三个人正在等公共汽车，一个是生了重病的老人，被病痛折磨可怜地呻吟着；一个是你的救命恩人，他是个医生，也被雨水淋得非常狼狈；还有一个好看的异性，在形单影只地等车。这个人就是你的梦中情人，机会只有一次，一旦错过就不会再有见面的

机会。但你的车只能坐一个人，你如何选择？

答案：

这是一道需要测试者舍弃的题，主要测试销售员的性格和机变能力。

老人需要你救治，因为这关乎伦理，尊老爱幼是传统美德；医生也需要救治，因为这关乎道德，俗话说受人滴水之恩，必当涌泉相报，感恩也是美德的一种；美丽的异性也需要帮助，因为爱情是人的本能选择。

前面的两个选择关乎人的社会性，而最后一个选择是人的本真需要。如果不选择这个人，这样的答案就会显得虚伪做作。以上是正常的思维，但是都有一个致命的缺点，因为每个人都只选择了一个救助的方法，而且都自认为是最好的选择。却没有一个放弃选择的权利，有的时候，放弃一种选择，就是最好的选择。

满分答案是：他照顾到了所有的人，唯独放弃了自己拥有的车子："把汽车的钥匙给医生，让他带着老人去医院，而我则留下来陪我的梦中情人，一起等公共汽车。"

问题四：

在一个孤岛上生活着一些原住民，他们不希望被打扰。一天，一个探险家不小心来到了岛上，被原住民捉住。首领告诉探险家：给你一个机会，你临死前还有为自己留下一句话的机会，如果这句话是真的，你将被烧死，如果这句话是假的，你

将被淹死，请问，这位探险家如何才能获得活着的机会？

答案：

这是一道悖论题，考察的是推销员的逻辑思维能力。

满分答案是：探险家说：我将被淹死。如果这句话是真的，他就应被烧死，但是如果被烧死了，就说明他说的是假话，需要被淹死，命题不成立。如此一来，土著拿他没有办法，只好让他继续活下去。

英国天文学家普罗克特说："现实是此岸，理想是彼岸。中间夹着湍急的河流，而行动就是架在河流上的桥梁。理想一旦付诸行动，无论实现与否，都神圣无比。"福特公司的测试题，也是一种人生态度的测试。答案是什么其实并不重要，重要的是它体现出了福特的人才观。福特需要的是具有无畏的开拓精神、超常的思维能力、和谐的团队协作意识的人，他们要选择的伙伴，是一个用心体验生命的人，是一个行动着的人。

从福特公司的试题中也可以说明，任何事物都有两面性，只要你从积极的那一面入手，你最终看到的一定是美好的风景。反之，你悲观地面对，那么在你面前的也一定是灰暗的景象。福特公司的试题当然不一定完美，但是，它能让你学会如何面对人生。

和创造世界名牌的人

一起放飞梦想

Let the dream fly

Ford

第四章　人才博弈论

Ford

第一节　一场关于智商的官司

> 光有知识是不够的，我们必须应用知识，光有意志是不够的，我们必须见诸行动。
>
> ——歌德

什么是知识？似乎很难回答，但是简单地说，知识就是对人和社会的用处，它和学历无关。有些人学富五车却不过是行走的书橱，对文化毫无贡献，而亨利·福特这样的社会大学毕业生，一无学历、二无背景，却能为社会创造价值和财富，这才是人才的标准，才是活学活用的典范。

亨利·福特是一个传奇，他将汽车这样的奢侈品拉下了神坛，走入了寻常百姓家，并且凭借着流水线和标准化配件，实现了让普通人买得起汽车的愿望。不过这个美国式冒险精神的代表者，并不能被同时代的人理解，在一些人看来，他就是一个狂热的异端，商人中的异类。

一次，纽约一家报纸刊发了一条报道，说亨利·福特不过是个沽名钓誉的野心家，不学无术的白痴。还说，他的平民汽车梦，不过是他想跻身上流社会的敲门砖。这个记者恶毒的攻

击，在亨利·福特看来，不仅仅是人身攻击那么简单，这是一个阶层对自己的挑战，他决定起诉这家报社和这名记者，并把这次诉讼当作向世人介绍自己思想的最好契机。

在法庭上，为了证明亨利·福特有无真才实学，主审法官竟然在严肃的法庭上做了一个类似于智力测验的问答环节，来测验福特先生是否被诬告、诽谤。亨利·福特先生啼笑皆非，因为法官问的都是诸如一加一等于几，国旗是什么样的，能否演唱国歌这样的小学生问题。

"尊敬的法官，这些问题太容易了，我能够马上回答你，即使你出再难的问题我也能马上回答你，因为，只要我一按办公室的按钮，我的几千名工程师会提供给你各种有趣的答案，所以，我劝您还是少浪费时间了。"福特哑然失笑。

法官显得很窘迫，他问亨利·福特，那你如何证明自己的智商，如何证明记者的描述是错误的？

"法官大人，很简单，我只要问你们几个问题，你看看我的答案是否有道理，然后请大家判断，我究竟是一个弱智的商人，还是一个有智慧有胸怀的商人。"亨利·福特很镇静地回答。法官同意了福特的建议。

亨利·福特说，我问两个问题。

"第一个问题，从前有两个人，饥饿难耐奄奄一息。有一位好心人给了他们两样东西——一筐鲜鱼和一根鱼竿。于是他们分道扬镳了。得到鲜鱼的人大吃一顿，结果没过几天鱼筐空了。另一个人忍饥挨饿，拿着鱼竿走向大海，但是他随时有可能倒在寻找食物的路上。请问诸位聪明人，他们该如何做，才能活下去呢？"

"很简单，先生们，女士们，两个人只要一起走下去，每天分享鱼筐中的鲜鱼，然后找到大海就可以了。幸福的生活源自于信任和合作，企业也是。"大家面面相觑，亨利·福特只好自问自答。

"好了，第二个问题，一位总统的夫人，年轻的时候想找一份适合自己的工作，父亲就介绍她去拜访美国无线电公司的老板。老板问这位女士，想在这里做点什么具体工作呢？女士的回答是——随便。我的问题是，她犯了求职者通常犯的什么错误？"亨利·福特顿了顿，接着说："那位老板批评了她，说工作上压根就没有随便的工作，一个合格的员工必须是一个有目标的员工。"

这时，法庭上爆发出了热烈的掌声，这场诉讼已经成了亨利·福特经营理念的介绍大会，连法官都俯首倾听，不住地点头。

大家都等着亨利·福特进一步阐释自己的想法。

"我在12岁的那一年，第一次见到了蒸汽机，那时候我就想，既然蒸汽可以让铁家伙奔跑，我一定要造出使用汽油的机器！虽然这是个看起来遥不可及的梦想，但是我坚信，一定要实现它。29岁那年，我终于成功了！虽然比我的计划晚来了10年。在试车大会上，有记者问我成功的要诀是什么？我的回答很简单，有梦想的人才会成功。"

"那位记者朋友，一定是误会了智慧与智商的区别。懂得答题目的人，不算有学问，因为这类学问帮不到成千上万的人改善生活，也许只配叫作智商这类让人盲目虚荣的玩意儿。而真正的学问，真正有学问的人要有一定的胸襟和情怀。这就是商人和伟大的商人的区别，就是民主的平民和虚伪的政治家的分别。"

"真正的知识，是懂得运用知识；真正的知识，是改变自己，改良设备，改善社会。"亨利·福特扫视了一下全场，用坚定的语气说。

亨利·福特获得了更持久的掌声，官司的胜负已定。

伟大的哲学家塞涅卡说过，内容充实的生命就是长久的生命，我们要以行为而不是时间来衡量生命。

的确是这样，不是生命走过时间，而应该让时间拥有生命；不是知识占有生命，而是生命支配知识。

第二节　屠宰场的启示

> 真者，精诚之至也。不精不诚，不能动人。
>
> ——庄子

一次，亨利·福特将汽车卖给了一个名叫汤普森的医

生，为了能听到客户的直接反应，他决定亲自指导汤普森试车。

汽车在汤普森的手中，好像是笨拙的大玩具，歪歪扭扭地始终不能直线行驶。亨利·福特耐心地为汤普森讲解，并不时地纠正他的动作。五月的底特律，正是鲜花怒放的好时节，很快，就在道路两旁挤满了诸多看热闹的人。

"嘿，伙计，你看！"

"可不是，这个铁家伙真带劲儿！"

"不知道哪年，咱兄弟也能弄上一辆，多神气！"

"这个容易。"一个工人师傅模样的人，打趣地说。"从现在开始，不出5年你就能拥有这个时髦的玩意儿了。"

"真的？"同伴的眼睛瞪得大大的，不敢相信。

"可不是嘛，不过有点小麻烦，你需要不吃饭，不睡觉，每天连续上班24个小时。"周围的人愣了一下，又瞬间发出了哄堂大笑。

只有一个人没笑，是亨利·福特。他听到了这个玩笑之后，陷入了思考。

"这位老兄说的是对的，将来你也会拥有这辆车，不过，略微不同的是，你不必吃不好睡不好，也不必每天工作24小时。最重要的是，根本不用等5年。"亨利·福特略微计算了一下，就严肃地对周围哄笑中的人说。

回到公司，亨利·福特就开始思考自己的经营理念问题。他发现，现在的商家存在两个方面的问题，一是低效，很

多生产力因为低下的效率，而得不到最大限度的利用。二是逐利，这表现为以次充好、虚标价格。所以亨利·福特决定以最低的成本和最小的利润来推销自己的汽车，他将之概括为薄利多销，亨利·福特要创造一个让修鞋匠也能买得起的汽车。

要实现这个伟大的目标，亨利·福特就必须建立一个大规模生产的综合模式，来实现降低成本的目标。亨利·福特来到生产车间，苦苦思索提高生产效率的方法，要想找到解决办法，首先要发现问题。他发现很多工人要来来回回地取送零件，费时又费力。于是福特决定，要让生产动起来，要让产品零件统一起来。

19世纪末20世纪初的时候，汽车是奢侈品，多半都是有钱人买来当玩具的。它限速为5英里，比走路快不了多少，当时并不是代步的工具，只是一个很好玩的大玩具。当时在某些地区有规定，你要是开汽车的话，白天要有一个人打红旗走在汽车的前面吆喝，夜里还要有人挥灯。这些都显示当时汽车并不是一个交通工具，只是供有钱人打发时间的玩具而已。

亨利·福特一直想打破的就是"汽车玩具"的僵局。1903年公司成立以后，他试图寻找更好的出路，直到1907年，从A型车、B型车、C型车……一口气设计研制了十多款车型，他才觉得汽车制造已经比较成熟了，技术也比较成熟了，价钱也可以控制了，离打破僵局只有一步之遥了。还有一点没有解决的就是生产线的问题，以前的汽车制造是一个工人生产一辆车，从它的原材料开始，一直到这辆车组装完成。

亨利·福特苦思冥想，始终没有想出一种能够提高生产速度的方法。

有一天，他走在路上，路过一个屠宰场，牛被送进来以后先用电电击，然后放血，将牛吊起来，接着用锯开膛剖腹，最后分割。这个过程是分别由不同的人来完成的。福特深受启发，心想：我也可以将这种具有连贯性、又有工作效率的流水作业的方式运用到我的汽车制造上。这样产品的因素、技术的因素、制造过程控制的因素都加起来以后，T型车在1910年正式推出了。

亨利·福特设计了一个传输带，将各种零件放在一条机器控制的传输带上，用敞口的木箱装好，这样工人只需站在传输带两边，伸手就可以取到零件，大大提高了生产效率。

不过试行一段时间后，新的问题又接踵而至：这种传输带的方式虽好，但是只适用于简单的装配，组装后段的工作，需要更精密细致的安装，传输带显得过快了，反而需要工人到传输带终端去捡回零件。这样还不如改良系统之前的效率。

亨利·福特继续自己的改良实验，他将传输带的速度调整了一下，开始的工序快些，而后段的速度慢些，将装配好的底盘悬空，利于工人安装。这样，亨利·福特就完美地解决了速率不均衡的问题，而装配线的标准化也带来了极大的成功。原来需要12.5小时才能完成整车的装配，现在只需1.5小时，提高效率近9倍。

传输带设计可以说是工业史上的一次革命。因为传输带的

速度是固定的，两边的工人必须以匀速来工作，否则，你面前的零件就会从身边滑过，自己的工作无法完成，也直接影响到下一个流程，这样就让作坊式的生产车间变为了一个流动的生产线。

不过，生产效率提高的同时，意味着人的境遇也发生了变化，有的工人将自己戏称为机器人。人好像固定在传输带两边的机器人，动作千篇一律，且僵化无比。福特设计的传输带工业流程，后来给了卓别林以创作灵感，他在《摩登时代》里，穿着工作服，手拿扳手的形象，成为一个标志性的形象。在工厂里拧动螺丝，动作僵化，到了大街上也无法停下来，闹出诸多笑话。这种变化也被福特看在眼里，其后福特公司实行了更多福利和人性化管理。

亨利·福特的第二项改革，是将零件生产标准化。将混乱不堪的型号、色彩、重量和规格做标准版计量。这样做有两个好处：一是统一的标准使得装配线运转更加流畅，二是便于顾客保养、更换零件。

因为别人的一句玩笑话，亨利·福特对汽车生产进行了改良，极大地提高了福特公司的生产效率。1912年，公司使用的是旧生产方式，年生产汽车只有7万多辆，而使用新生产方式之后，到1916年，就突破性地达到了24万多辆。平均每天能生产出9千多辆车，差不多平均每10秒就有一辆福特车从流水线上下线。

福特流水线的影响远远超过了汽车制造本身。以连杆总成

和创造世界名牌的人

一起放飞梦想

Let the dream fly

为例，传统模式下需要9小时进行装配，秒表测试发现，其中4个多小时花在工人到处走动上。1914年，福特在新落成的海兰公园厂房建成了第一条生产流水线。"让零件向人走来，而不是人向零件走去"，工人只用站在传送皮带旁的固定位置上"守株待兔"，不假思索地重复一个最简单的动作。所有多余环节和无效劳动被压缩了，生产效率提高了，汽车价格却随之下降了。由于流水线上千余种操作多半不需要特殊的技术和体力，连残疾人和盲人都获得了就业机会。

生产率的提高带来的是产品性能的大幅提升，价格的直线下降。1908年，T型车刚面世的时候，每辆车需要850美元，后来，每辆车只需要260美元，这只是普通美国人半年的工资。也就是说，亨利·福特只用4年的时间，就实现了当年的承诺。

一句玩笑话带来了看似简单的两个改良，却是美国乃至世界工业史上里程碑式的事件。后来，美国被世人称为装在轮子上的国家，多数是源于福特式的大工业生产方式的变革。

亨利·福特在自传中毫不掩饰对此事的自豪之情，他说："最开始的汽车装配，工人需要到处走，寻找材料，那不是大工业生产，而是工人的步行锻炼。是我，从一个玩笑中，思考出了独特的价值。"

一个时时刻刻不忘自己理想的人，一定能看到上帝给他的启示，哪怕是在看似与汽车毫不相关的屠宰场。亨利·福特实现了为每一个平民造车的愿望，这个朴素的理想，使他成为富豪中的另类和传奇。

第三节　需要的就是最好的

> 人的需要，是和满足需要的手段一同发
> 展的，凭借那种手段发展起来的。
>
> ——马克思

在美国，福特公司以及其他公司的创造，可以看作是一部微缩的汽车发展史，也可以看成是对汽车人创新精神和为人类造福的颂歌。这部历史充分地诠释了汽车发展的核心动力：人们需要的，就是最好的，就是最应该被满足的。

1904年美国圣路易斯世博会，当140辆五花八门的汽车从休斯敦、费城、洛杉矶、得克萨斯等地风尘仆仆赶来时，世界博览会第一次出现了交通展览馆。但那时的汽车还谈不上什么效益可言，对大多数人来说，汽车还是陌生的名词。

1906年意大利米兰世博会上，第一次设置了汽车专门展览馆，标志着汽车工业开始正式自立门户。

1909年美国西雅图举办的阿拉斯加太平洋世博会上，从著名的时代广场出发，纽约——西雅图汽车赛成为世博会开幕式的一部分。这次横穿美国大陆的比赛只有5辆汽车参加，福特公司的T型车一路领先夺取冠军，并赢得2万美元的特等奖金。

从此，福特公司的汽车开始名声大噪。历史上还从来没有一种产品，如此大规模地改变人类的生活。福特的T型车让全世界汽车行业重新定位，并将美国变成了"车轮上的国家"。

福特公司1903年成立后，依照字母顺序尝试了从A到S的各种车型设计，最后锤炼出名满天下的T型车。

亨利·福特认为："我要推出一款最普及的车型，对家庭不算小，对个人不算大，用最强固的材料、最简洁的设计、最优秀的工人来制造。让工薪阶层都买得起，和家人共享上帝赐予的广阔天地。"这就是T型车诞生的朴素理念。

T型汽车为适应农村泥泞道路，不仅安装了良好的减震系统，而且设计了较高的底盘，还能卸下后轮充当各种农机用具的动力。T型汽车动力强劲，拥有4缸20马力，三个档位的行星齿轮系统，用钒钢制造，时速可达70公里，耗油量远低于其他车种，并能以煤油、酒精充当燃料。

T型车"一身美德"，价格却远远低于其他车种，难怪T型车长年不做广告仍然销量领先。从1909年投产到1927年下线，T型车生产超过1500万辆，曾经占全球汽车总量的近六成，创造了单一车型产量的世界最高纪录。

"在大街上行驶，你们谁也别想超过T型车，因为前面一定还有一辆。"亨利·福特调侃说。

以T型车为代表的汽车技术，给世界带来了诸多革命性的变革。我们且看如下的汽车大事记：

巴黎世博会期间，出风头的是一个叫迪塞尔的工程师，他

发明了不使用汽油的内燃机。使用从花生等植物中提炼的"柴油"。发动机不用感应线圈点火，而让混合油气在高压下升温到燃点自行燃烧，这便是"迪塞尔发动机"。现在，生物柴油技术已经成为了一种科技趋势。

1912年世博会，通用公司的凯迪拉克汽车首先安装电动马达，告别了危险而费力的摇把，这个看起来简单的革新，让老人和妇女都成为汽车的消费者。杜森堡公司发明的液压四轮刹车，皮尔斯·阿洛汽车首创的方向盘助力装置、梅赛德斯-奔驰公司研制的独立前悬架系统，都让汽车驾驶更加安全和舒适。

1933年至1934年芝加哥世博会，正赶上世界经济大萧条，汽车工业义不容辞地承担起树立大众消费信心，重振世界经济的重任。新兴的汽车工业挺身而出，成为世博会的重要支撑和绝好看点。汽车业的"三巨头"使出了浑身解数，都设置了新奇的互动环节，建立了宏伟的大型展馆。

通用公司的雪佛兰生产线上，200名身穿白色制服的工人演示着汽车装配的全过程，可以允许顾客现场参观，将以前神秘化的生产过程曝光在大众面前，现场买车者甚至还能根据自己的喜好，选择零件并担任"总监制"，监督生产的各个环节，直到最后开走。一个8岁的小女孩小米莉，幸运地抽中了现场大奖，奖品便是生产线上的第一辆汽车。

福特公司也精心布置了一个圆形展馆，一个直径6米的巨大地球仪，标记了福特在世界的场馆和工厂车间，显示了福特追求国际化的野心。福特公司还精心安排了一个别开生面的活动，邀请参观者用棒球投掷汽车挡风玻璃，来测试汽车玻璃的安全强度。还有现场的风洞试验，以直观的形式显示着不同外形汽车的风阻。一些跃跃欲试的年轻人，将这些新奇的东西围得水泄不通。更有些激进的年轻人，乘坐着最时髦的跑车，在展览馆外500米的跑道上急速狂飙，体验速度和激情带来的巨大刺激。

汽车，第一次做了精彩的全面亮相，这种标志着现代化文明的产物，迅速成为一种消费时尚。汽车在世博会历史上第一次成为最热门的中心话题。

当人们的眼球都关注同一样东西的时候，就说明大家都对其有需要，那样东西就会飞速发展，汽车业也不例外。

和创造世界名牌的人

一起放飞梦想

Let the dream fly

第四节　价值决定收益

> 一个具有销售力的创意，基本上从未改变过，必须有吸引力与相关性。但是，在广告噪音喧嚣的今天，如果你不能引人注目并获得信任，那么将依然一事无成。
>
> ——李奥贝纳

福特汽车和广告结缘，最著名的一次是和好莱坞米高梅公司的合作，福特汽车成了好莱坞大片《谁与争锋》中神探007的坐骑。

在这部电影拍摄之初，米高梅公司就开始和福特汽车洽谈广告合作的事情。最终，双方都觉得福特汽车的平民化设计理念比较符合007的大众风格，而福特的高端产品也和007儒雅风流的个性结合得较好。于是第20部邦德系列片《谁与争锋》中，福特的阿斯顿·马丁、雷鸟和美洲豹成为比巨星还抢镜的汽车明星。

而福特也不失时机，首次在美国整体展示了在《谁与争锋》中出镜的明星车，一系列的巡回展览一直持续到影片公映结束。

新片中詹姆斯·邦德仍由皮尔斯·布鲁斯南扮演，他英俊潇洒，在影片中开着灰色的阿斯顿·马丁与敌人的绿色敞篷美洲豹在冰原上追逐厮杀。据说这段灵感还来自于老福特当年在冰河上试车的传奇故事。那次，老福特一气之下的广告试车，轰动了美国，是福特汽车创业的经典桥段，应用到了邦德的身上，丝毫看不出生搬硬套的痕迹，倒是契合邦德那种果断而倔强的性格特征。

而邦德女郎金克斯由奥斯卡奖得主哈利·贝莉扮演，她开的是福特雷鸟。雷鸟是福特的一种限量版汽车，它运动的气质和富于小众情调的色彩搭配，正是桀骜不驯、个性突出的邦女郎的不二选择。当邦女郎开着雷鸟奔驰狂飙的时候，无疑是最好的广告，年轻人都会惊叹：酷！这就是我们需要的感觉。

"令我们兴奋的，不仅是让消费者看到这些具有传奇品质的汽车，更让人激动的是，普通消费者也可以和偶像一样，在商店里购买到同款的汽车，还有什么比在现实中触摸偶像的座驾更激动人心的呢？当然，也是有缺点的，里面没有机关枪和火箭筒。"福特汽车公司全球营销副总裁简·瓦伦蒂克幽默地说道。

"我们正在生产700辆限量版007福特雷鸟，送给美丽的邦女郎和邦女郎的姐妹，一种将性感与高雅完美融合、坚韧不拔的力量与出色性能完美结合的绝版汽车。"

"新的2003款美洲豹XKR的推出程序也已启动。由里克·尤尼扮演的影片大反派与外表圆润、内心凶猛的美洲豹

XKR相得益彰，处于青春叛逆期的年轻人，谁还在乎什么老好人作风？要的就是与众不同，美洲豹——不求最好，但求不同。"

"什么？你不能成为邦德？不要灰心，小伙子，你拥有了和偶像同款座驾的机会。不过有一个小小的遗憾，你需要为阿斯顿·马丁填一张为期18个月的申购等待表，没办法，想成为邦德伙伴的人实在是太多了！"

福特公司的汽车与帅哥美女相得益彰、交相辉映，极大地满足了人们的视觉需要，也激发了人们的消费欲望。福特汽车，是平民的生活伙伴，因为它一切从人们的需求出发，这就是最好、最实用、也最温情的价值观。

Ford

第五章　福特的智慧

Ford

第一节　为自己的心而活

不要为别人而活。

——乔布斯

随着福特公司日益壮大，"亨利·福特是个什么样的人"一时间成为了很多媒体争相报道猜测的话题。有一点可以确定，亨利·福特是一个只做自己的人，他的一生只为自己的心而活。

亨利·福特首先是一个坚持己见的人。

在很长一段时间里，亨利·福特的名字几乎成了美国汽车的代名词。但是，亨利·福特真正爱的并不是作为产品的汽车，甚至也不是汽车工业所带来的巨额利润，他所追求的是生产过程的极致体验——压缩成本，创造利润。

虽然公司的盈利是个惊人的数字，但是亨利·福特却一直不肯分红，而是把更多的利润投入到生产环节。亨利·福特的这一做法导致了福特公司主要投资者道奇兄弟的强烈反对。由于亨利·福特拒绝分红，道奇兄弟在1917年上法庭对亨利·福特提出控告，控告他赢利不分红。最后法院判决亨利·福特必须拿出1900万美元的利润来分红。

需要说明的是，亨利·福特不愿分红，不是把"投资者的钱也看作是利润"，更不是因为自己没有股份，因而想方设法自我消费而不愿分红发股息。其实，亨利·福特在败诉之后损失并不大，因为他就是福特公司最大的股东。当时，按法官判决的办法分红，这1900万美元的利润中就有70%分给亨利·福特本人。

道奇兄弟赢得诉讼，却输掉了未来。

当时，在亨利·福特的工厂工作，就好像在未来世界工作。福特公司采用的是最先进的设备，最先进的技术，为了提高生产效率，亨利·福特毫不吝啬。他的汽车生产线所改变的不单单是汽车的制造，而且是整个社会的经济组织和社会生活，自从流水线方式在20世纪30年代成为主导方式，汽车行业的进入壁垒大大提高，竞争成为福特、通用和克莱斯勒三巨头之间的垄断竞争，在美国再也没有出现过新汽车企业。

早年间，福特汽车的颜色只有黑色一种颜色。作为农夫出身的企业家，对色彩的变化不是很在意，因为他认为汽车最重要的是内在的质量，和外在的色彩没有多大的关系，他认为只出黑色的就够了。关于汽车的颜色，他曾经说过一句经典的话："你可以订白色的、红色的、蓝色的、黄色的、黑色的，订什么颜色的汽车都可以，但是我生产出来的汽车只有黑色的。"

"如果你相信，你能做到或者不能做到，你都是对的。"现在福特公司的员工还常常用这句话来相互勉励。

但是物极必反，由于亨利·福特的固执，他对市场的理解始终太过主观，这给公司发展造成了巨大阻碍。亨利·福特坚持自己的看法，他对市场营销模式和一些新的制造概念并不是特别在意，因此到20世纪30年代至40年代以前，他仍没有与时俱进。而美国的汽车市场发生了很大的变化，当时美国的汽车品牌很多，有100多个车厂，通用汽车就是在这个时候获得了美国最大的市场占有率，直到后来亨利·福特二世的时候才又把这一位置抢了回来。

针对福特汽车的价格优势，由29家厂商联合组成的通用汽车公司，在阿尔夫雷德·斯隆的领导下，在内部推行科学管理的同时，采用了多品牌、多品种的产品特色化策略，在联合公司的框架下，实行专业化、制度化管理，在采购、资金和管理取得规模经济效益的基础上，保留了众多相对独立的如雪佛兰、凯迪拉克、别克这样的著名品牌，在产品的舒适化、多样化、个性化方面下功夫。1924年，通用汽车公司推出了液压刹车，四门上下和自动排档，1929年又推出了6缸发动机，而福特的T型车仍然是4缸、双门、手排档。

面对通用的攻势，亨利·福特根本不以为然，他不相信还有比单一品种、大批量、精密分工、流水线生产更经济和更有效的生产方式。

对于销售人员提出的警告，亨利·福特认为他们无非都是出于营销部门局部利益的危言耸听。亨利·福特不止一次说：福特汽车公司面临的唯一问题就是供不应求。

由于亨利·福特的固执已见，即便后来问题发展到了已经很明显的地步，他也不愿意从根本策略上去找原因，也不愿改动自己的汽车设计去适应市场要求，而只是寄希望于在现成的框架下解决问题。

每次"通用"汽车公司推出一个新型号，亨利·福特的策略都是以不变应万变——以降价来应对。从1920到1924年，福特汽车共降价8次。其中1924年一年就降了2次。但是，长期沿用降价策略的前提是市场的无限扩张，而1920年以后，随着人们收入水平的提高，人们的汽车需求转向多样化和舒适性。代步型经济轿车的市场已经近乎饱和。同时，长期的降价经营使得福特公司的利润率已经很低，继续降价就使得原本就脆弱不堪的资金流，随时有断裂的危险。

固执的亨利·福特，总是希望通过自己的坚持给公司带来生机，也总是因为同样的理由给公司带来危机。

亨利·福特还是一位具有理想主义色彩的人。

比如他反对法西斯战争，他在一战的时候租了一艘豪华轮船，带了美国的社会学家、科学家、宗教家，还有一些社会知名人士到欧洲各地游说，请大家结束敌对状态，重新建设世界和平。这种做法当然遭到了大家的嘲笑，认为亨利·福特迂腐之极，但是亨利·福特上演的希绪福斯式的坚持仍让很多人肃然起敬。

在希腊神话里，有一个聪明绝顶的人物叫希绪福斯。希绪福斯因为得罪了宙斯，受到了最严厉的惩罚。宙斯命令他把山下的石头堆到山顶上，但是，他刚把石头堆上去，石头又自动滚下山去。日复一日，年复一年，希绪福斯就这样重复着这种毫无成效的劳动。

但他并不认为自己做的是无意义的，因为他坚信，生命就是一个过程，至于结局是悲剧还是喜剧，已经无关紧要了。

亨利·福特就是希绪福斯式的悲情英雄。坚持自己的理念，不停地奋斗，表面上也许一无所获，但是他收获了精神上的丰盈和充实，这就是对拥有精神世界的人的最好报答。

亨利·福特还是一位孜孜以求、不断学习的人，他对文化的传承情有独钟。

亨利·福特在福特汽车总部所在地建立了一个名为"绿园"的公园。"绿园"很大，占地500余亩，很像一个村庄，里面甚至修建了一条火车线路。亨利·福特把美国早期的文化，尤其是原住民时期的农耕文化、手工业文明收集起来，"绿园"俨然就是美国历史的活化石。亨利·福特还把爱迪生等名人的故居买下来，拆了以后将材料搬过来，照着原样重盖一遍，希望后人参观的时候对美国的这段历史能有一个了解。

亨利·福特不是颂扬自己如何厉害，而是希望大家能通过参观学习，在徜徉历史的长河的同时，能体会到名人们创业的艰难和祖国历史的伟大。

亨利·福特就是这样的人，一生追求自己的理想，做自己喜欢做的事情。

第二节　50美分的零头

> 凡是值得做的事，就值得做好。
>
> ——英国格言

迈克尔是纽约一家小报的记者，他的任务就是在纽约街头捕捉名人轶事，最好是名人的花边新闻，然后配上耸人听闻的标题，第二天就能卖个好价钱。

一天下午，他照例去纽约的惠斯顿酒店蹲点守候，他寻思今天至少也要等来诸如明星绯闻、名人隐私这样的谈资类新闻。正巧，他发现汽车大王亨利·福特和几个商界富贾走出了酒店。他看见亨利·福特的手里捏着一张账单，径直走向收银台，对着服务员微笑着说：

"先生，您看看是不是算错了？如果有时间，能不能重新核对一下？"

"我想没有必要，先生，我已经核对过了。"服务员是个20多岁的小伙子，他耸了耸肩膀。

"那麻烦您再算算，是不是少了什么零头。"亨利·福特虽然仍在微笑，但是他还是摆出一副不说清楚就绝不走人的姿态。

职业敏感让迈克尔觉察到这是个绝佳的题材，他今天的采稿任务算是完成了，连标题都是现成的——"汽车大王吝啬成性，酒店找零突起纷争"。

也许是亨利·福特过于认真的表情，让服务生有些难堪了，他又认真地核对了账单。

"是的，先生，真是这样，账单里的零头给您多算了50美分。不好意思，不过我想，您这样的大富翁是不会介意这点小误差的。"服务生有些不耐烦地说。

"恰恰相反，先生，我非常在意这50美分的零头。"没想到亨利·福特并没有走出酒店的意思，而是直视着服务生，一字一顿地说。

服务生只好一脸尴尬地数着零钱，凑给了福特50美分。亨利·福特仔细查了查零钞的数目，然后微微欠身，算是致意，留给了服务员一个坦然离去的背影。

"真是富人的通病，爱钱如命，小气鬼，连50美分都不放过。要是我就不会这样。"亨利·福特走后，年轻的服务生小声嘀咕。

目睹刚才一切的迈克尔，忽然改变了主意，他不禁和最近发生的新闻联系在一起，职业的敏感使得他明白，眼前这个富翁和服务生的小误会，是一个绝好的新闻素材，更是绝好的一堂人生教育课。

"你说你不会这样，但是你知道吗？这正是你站在柜台里，而亨利·福特先生在柜台外的原因。"迈克尔一边激动地

说，一边盘算着今天稿件的标题，他决定立意要彻底变换一下，可以拟为——"50美分和5千万，富翁的一堂财富课"。

"刚才走的是亨利·福特先生。知道吗？他上周刚刚为慈善基金会捐款5千万美元。"迈克尔像变戏法一样地将手中报纸的标题指给那个年轻人看。

服务生一时还转不过来弯儿，他无法理解，一个能向社会慷慨解囊5千万美元的富翁，为何还要对50美分斤斤计较呢？这样在朋友面前岂不是有失尊严吗？他将自己的想法向迈克尔和盘托出。于是两个年轻人一起探讨起财富和人生的关系来。

就在这样一个偶然发生的小事身上，迈克尔突然领悟到了成功的真谛：只要是自己认为对的东西，就要坚持。无论这件事情是5千万美元那样巨额的财富，还是50美分这样微不足道的小事。

服务生也反思了自己的言行，他为自己的举动感到羞愧。自己的慷慨是一种假设性的慷慨，而亨利·福特先生的伟大不在于捐款多少，而在于他的认真态度。如果连自己的50美分的财富都无法管理好，那么如何能管理资产过亿的公司？又何来5千万美元的善举呢？在生活中，发牢骚很容易，装装样子摆阔气也不难，而能不顾世俗的眼光，不顾及所谓的面子，坚持自己的处事原则，这才是成功者应有的人生态度。

亨利·福特自己不知道，就是他对这50美分的坚持，改变了两个人的命运。

记者迈克尔和那个服务生在一起谈了很久，两个人的结论是，亨利·福特先生对待自己的财富，是一种积极的财富观，50美分和5千万，都要做到物尽其用，人生也是如此，认真对待自己的一切，别人才能认真对待你的一切。

50美分可以发挥的价值真的难以想象。经过努力，迈克尔成为了纽约报界的著名记者，多次获得普利策奖；而那个服务生，也从亨利·福特的身上领悟到了人生的真谛，后来，他做了那家酒店的总经理。

第三节　一张废纸和一份工作

> 要尊重每一个人，不论他是何等的卑微与可笑。要记住活在每个人身上的是和你我相同的性灵。
>
> ——叔本华

有一个关于福特的带有传奇和演绎色彩的故事。年轻的时候，亨利·福特去一家汽车公司应聘。有一家大公司要招聘一位市场人员。丰厚的薪水和良好的福利待遇吸引了不少报名者。应聘的条件除了其他基本要求外，还要有一定的口才。许多人跃跃欲试。经过笔试和面试，留下了3个人进入最后的测验。

第一个应聘者一进来，他看到对面坐的正是在商海中叱咤风云的总经理，一个传奇巨星一样的人物，于是自己张口结舌，无法回答老板的任何提问。

老总笑着对他说："你可以出去了。"

第二个应聘者也是如此。

亨利·福特觉得，和他同时应聘的三四个人都比他学历高，当前面几个人面试之后，他觉得自己没有什么希望了。自己不过是个可怜的陪衬者。但既来之，则安之。他敲门走进了招聘办公室，一进办公室，他发现门口地上有一张纸，从小养成的良好习惯，使得亨利·福特本能地弯腰捡了那张纸。他发现是一张废纸，便顺手把它扔进了废纸篓里。

"您好，我是来应聘的福特。"亨利·福特走到招聘者的办公桌前，对招聘者说。

招聘者看着眼前这个镇静的年轻人。

"你好。"总经理威严地扫了他一眼，然后向亨利·福特提了许多问题。亨利·福特本来并没报希望，不过招聘者问的都是技术上的问题，正好在亨利·福特的知识范围内，他就吸了一口气，然后开始对答如流。

"很好，很好！亨利·福特先生，你已被我们录用了。"

"先生，我觉得前几位都比我好，你怎么把我录用了？"亨利·福特根本不相信这是真的，他惊讶地问。

"福特先生，前面几位的确学历比你高，且仪表堂堂，但

是他们眼睛只能'看见'大事，而看不见小事。你的眼睛能看见小事，我认为能看见小事的人，将来自然看到大事，一个只能'看见'大事的人，他会忽略很多小事，他是不会成功的。所以，我才录用你。"招聘者说。

亨利·福特就这样进了这个公司。后来，成就了一段汽车工业的传奇。

亨利·福特的成功有两点值得注意，一是自信，专业上的自信。这样类似的故事常常可以看到，自信就能给人带来成功。纵观中外名人成功的案例，没有人不是用极大的自信，为自己争取到成功机会的。机会总是存在的，但是没有准备的人，常常会让到手的机会悄悄溜走。只有自信的人，才能使自己的人生和命运，朝着自己理想的方向发展。

拥有自信，才会拥有自由的人生。

亨利·福特带给我们的第二个启示就是，细节决定成败。

一张废纸，是一个容易被人忽视的细节，前面两个应聘者的失败已经说明了这一点，他们不是专业不精通，也不是信心不足。而是败在了一个细节的忽视上。这就是改变世界的蝴蝶效应。

蝴蝶效应是气象学家洛伦兹1963年提出来的。洛伦兹认为，一只南美洲亚马逊河流域热带雨林中的蝴蝶，偶尔扇动几下翅膀，可能两周后在美国得克萨斯州引起一场龙卷风。

其原因在于：蝴蝶翅膀的运动，导致身边的空气系统发

生变化，并引起微弱气流的产生，而微弱气流的产生又会引起它四周空气或其他系统产生相应的变化，由此引起连锁反应，最终导致其他系统的极大变化。这说明，事物反常的结果，对初始条件具有极为敏感的依赖性，初始条件的极小偏差，将会引起结果的极大差异。蝴蝶效应使得人生充满了偶然性和不确定性，也告诉我们万事万物都是有联系的，不能忽视身边的细节，正如中国先哲孟子的名言：勿以善小而不为，勿以恶小而为之。

亨利·福特的收获看上去很偶然，但实际上却是必然的，他下意识的动作是习惯的体现，而这种习惯的养成却来源于他的积极态度，这正如心理学家威廉·詹姆斯所说：播下一个行动，你将收获一种习惯；播下一种习惯，你将收获一种性格；播下一种性格，你将收获一种命运。

在一个人的人生历程中，一次大胆的尝试，一个灿烂的微笑，一个习惯性的动作，一种积极的态度和真诚的服务，都可以产生生命中意想不到的成功。

第四节 "微创新"和"轻改良"

> 蜜蜂则采取一种中间的道路，它从花园和田野里面的花采集材料，但是用它自己的一种力量来改变和消化这种材料。
>
> ——培根

可以说，亨利·福特虽然没有发明汽车，但却开创了美国的汽车工业，给美国社会的面貌带来了革命性的改变。

亨利·福特的功绩是"微创新"和"轻改良"。他从小就爱好摆弄机械。1891年，他到底特律的爱迪生电灯公司当工程师，两年之后成为主任工程师。当时汽车刚刚发明出来，一些机械爱好者开始在自己家里买零件装配汽车，对机械着迷的亨利·福特也迷上了这种爱好。似乎他做着"汽车梦"的时候还没有意识到，当梦想变成现实的时候，会产生多么巨大的影响。

他做的第一辆汽车非常简陋，却很实用。亨利·福特自己有机会就开着在外面行驶，停车时还得拿铁链子将汽车锁在树干上，否则总有人想上来开一下，过过驾驶汽车的瘾。于是亨利·福特认识到，汽车市场的潜力远远不止那些有钱人家。由此他萌生了开创汽车工业的念头。

亨利·福特身上有一种深深的平民主义意识。他认为，上帝既然赋予美国以如此广袤的土地，每个人就应该有平等的权利，在这块土地上自由流动。他甚至认为铁路公司以及火车时刻表都是对个人自由的限制。他心目中的汽车应该能够乘坐一至五人，是个人或者小家庭的理想交通工具。

有了准确的定位，就有了明确的目标。亨利·福特将他的汽车生产锁定在两个基本目标上，首先，汽车的设计必须尽量简单，使普通人能够轻而易举地掌握；第二，价钱要尽可能降低，使得普通工薪阶层能够买得起。为了实现这两个目标，亨利·福特在工厂中推行了下列几项革命性的做法。

第一是零部件标准化。标准化运动开始于19世纪中叶的机械工业。在标准化运动以前，机械工业更多像是工艺生产，而不是工业生产。1910年，亨利·福特将这一做法带入汽车工业，汽车从此由作坊式改为工厂式生产。

第二是装配流水线。这是亨利·福特最伟大的发明。此前，生产过程中汽车部件不动，工人需要走来走去进行操作，这样就浪费了不少时间。亨利·福特一次在参观芝加哥的肉类屠宰场时，发现那里出现了生产线，流动的是被宰杀的牲畜，工人站在原地工作，效率高了不少。他回到自己的工厂里也如法炮制，从此开创了现代工业中的流水线作业。

举一反三是最佳的学习之道，亨利·福特能从一个生活常见的现象受到启发，从而开启现代机械生产的新时代，这就是他为后人留下的最好的学习范例。

第三是生产单一车型。亨利·福特认为，降低成本的重要诀窍就是反复生产同样的产品。第一辆T型车的售价超过了800美元，等于一个普通工人一年多的工资。随着生产的不断扩大，成本和售价也不断下跌。到1914年末，每装配一辆T型车的工时减少到了仅仅1.5个小时。在T型车生产到100万辆的时候，售价已经下跌到345美元。

不光是技术上的微创新，他还提出了薪酬和福利的轻改良计划。虽然汽车售价越来越便宜，但仍然等于当时普通工人大约半年的工资。福特厂里的工人，平均工资为2.5美元一天，绝大部分人很难买得起汽车。20世纪初的美国，人口还不多，土地广袤，机会众多。和别的工厂一样，福特厂里的工人辞工现象也非常频繁，使工厂极为头疼。汽车工业比其他行业对于工人有更多要求，因此福特工厂中的熟练工人被挖走得非常多，熟练的技术工人平均工作年限连一年都不到。

1914年，亨利·福特做出一个惊人的决定：将工人的平均工资提高一倍，从每日2.5美元变为5美元。同时，工作日也规定为第一天8个小时。与欧洲相比，当时的5美元等于英国一个产业工人一星期的平均工资。而当时美国工厂工作时间普遍为10至12小时一天，每星期6天。

从表面看来，亨利·福特这个决定要直接解决的问题是辞工现象。但是，亨利·福特还有更深的宏观经济学层面的考虑。他认识到，迄今为止他的消费者和生产者是两个不同的群体。在当时的工资条件下，他的工人没有能力购买汽车。在卖出了近百万辆私人汽车之后，现有的消费市场再次开始饱和。

亨利·福特看到，只有让生产者同时成为消费者，才能进一步开拓市场。因此，他需要自己的工人都能够开上福特生产的汽车。而如果他的做法能够让工人工资普遍上升的话，整个汽车消费市场的前途则不可限量。

果然，在提高工资之后，福特公司的工人只要工作大约70个工作日，就能买得起一辆汽车。今天美国产业工人购买一辆最低档的新车，也需要三四个月的税前工资。

不过，亨利·福特的做法遭到了汽车业同行的抵制。后来，在工会运动广泛兴起之后，低工资的工厂面临着工人大规模罢工的威胁，通用汽车等大厂家才被迫效仿了福特的做法。直到今天，美国汽车工业中的工人收入仍然高于多数工业，而美国汽车工会也仍然是最强大的工会之一。

在工人工资日渐提高的情况下，小轿车开入了寻常百姓家。今天，美国人驾驶私人汽车自由流动在那片广袤的土地上，已经成了美国社会的生活方式。

1896年6月，在美国密西根州的底特律，亨利·福特先生制造出了第一辆汽车，1903年11月，亨利·福特成立了他的福特汽车公司，开始面向市场批量生产汽车。

一个人，用6年的时间，改变了一群人的生活。看来，我们不必奢望每个人都成为拥有伟大成就的科学家和发明家，即使是在革新道路上迈出的一小步，也可能是人类文明史上的一大步。福特的人生轨迹，恰恰验证了这一点。

第五节　600万美元的花生

> 蜜蜂从花中啜蜜，离开时嘤嘤地道谢。
>
> 浮夸的蝴蝶却相信花是应该向他道谢的。
>
> ——泰戈尔

亨利·福特拥有的财富，多得连自己也数不清，但是，他本人并不是慈善富豪榜的常客，甚至在一些人看来，他的做法有些吝啬。

这实际是一种误解，亨利·福特的心中一直崇尚自我奋斗，喜欢凡事亲力亲为，因此，很反感有人伸手向他人索取，在福特看来，这和乞讨并没有什么区别。

其实，亨利·福特并不是一个吝啬的人，他对技术创新舍得大把花钱，予以扶持，但是对慈善事业，却固执地认为，与其给人以金钱，不如教给别人挣钱的道理和方法。财富的价值不在于多和少，更不是没有意义的符号单位，钱也是有生命的，在恰当的人手中，会帮助更多的人，会做更多的事，可是善款一旦落入一个愚蠢的人手里，越多的善款，越会变得没有用处，甚至适得其反，不是救人，而是害人。所以，亨利·福特一直反感募捐，更对募捐的人拒之千里。

和创造世界名牌的人

一起放飞梦想

Let the dream fly

但是一件事情改变了亨利·福特的慈善观，也改变了世人对亨利·福特的看法。

一年春天，佐治亚州一所小学的校长玛莎贝蒂女士敲开了亨利·福特办公室的门。她已经来了5次了，每次都是被秘书友好又委婉地挡在了大门外。这次她决定亲自找亨利·福特先生试试运气，因为学校的孩子需要一笔钱，改善简陋的校舍和破旧的教室。她心中有个宏伟的计划，将学校的操场扩大一倍，最好能开辟一个牧场式的后花园，让孩子们在里边亲近大自然。

亨利·福特头也没抬。这样的募捐者他见得太多了，多数有稀奇古怪的理由和夸夸其谈的言行，他决定用冷漠的态度拒绝眼前这个女士。

"尊敬的福特先生……"玛莎贝蒂有些紧张，毕竟面前是一位汽车业的巨子。

"好吧，开门见山，我不会帮助你的。"福特只是埋头看着文件，冷冷地说。

玛莎贝蒂似乎早就预料到这个结果，她说起了自己的计划，说得如此绘声绘色，让人仿佛听到了孩子们在花园里的朗朗笑声。

"我很感动，女士，不过我还是不能帮你。"亨利·福特面无表情地听她说完，然后冷冷地说。

"先生，既然孩子们的痛苦还是不能打动你，那么我冒昧地请求一件东西——您能不能捐点种子？"玛莎贝蒂觉得亨

利·福特简直是个不可理喻的怪物，她咬着嘴唇，说出了一个奇怪的要求。

"好吧，我捐给你一袋花生种子。"亨利·福特觉得眼前这个女士有些与众不同，他说。

一年以后，玛莎贝蒂又敲开了福特的办公室门。

"你是？"亨利·福特显然已经忘记了一年前的旧事——一个和花生种子有关的小募捐。

"我是一年前那个请您募捐的小学校长。"玛莎贝蒂再次进行了自我介绍。

"想起来了，"亨利·福特猛地想起一年前那个局促不安的女士，和她奇怪的募捐请求。"这次又要我捐献什么东西，还是花生种子吗？"

面对福特充满揶揄的玩笑话，玛莎贝蒂没有作声，她对亨利·福特这个并不友好的玩笑毫不介意。她小心翼翼地从皮包里拿出了一叠钱，放到了亨利·福特的办公桌上。

"这是600美元，这是您的善意应得的回报。"玛莎贝蒂解释说。

原来，玛莎贝蒂将福特捐献的花生种子，种到了学校后面的花园里。她组织学生浇水，施肥，到了收获的季节，这些花生卖了600美元。

亨利·福特被眼前的一切惊呆了，他的本意是，用花生种子将这个执拗的女士打发走。因为在亨利·福特看来，如果不知道财富背后的付出和辛劳，就不配拥有财富，更不会将财富

的价值真正实现。他没想到，勤劳踏实的玛莎贝蒂，将自己的一点点赠予，变成了沉甸甸的果实。

"给你，亲爱的女士。你的做法配得上它。请接受我对您的敬意，也请向您的学生转达我的敬意。"亨利·福特想了一会儿，在一张支票上写下了一些数字以后递给了玛莎贝蒂女士。

"太多了，先生，600万美元，一个校舍和一个小花园根本用不了这么多钱……"玛莎贝蒂被支票上的数目吓坏了，她有些不知所措。

"亲爱的女士，你有三个理由拥有它。第一，你是一个执着的人，不会因为对方的态度改变你的初衷。执着的人会有好报。第二，你是一个懂得付出的人，你用一袋种子，创造了比这袋种子大得多的财富，付出的人值得回报。第三，你是一个懂得感恩的人。我不过赠予了你一袋种子，你尊重我，回馈给我更多的果实，感恩的人必然有好报。"

亨利·福特赠予了玛莎贝蒂一袋种子，玛莎贝蒂回报了一袋果实。受人恩惠的人懂得感恩，而赠予的人也收获了尊重和快乐。这不是600万美元的传奇故事，而是心灵之间信任和尊重的故事。

第六节　眼界决定境界

> 金钱这种东西，只要能解决个人的生活就足够了；若是过多了，它会成为遏制人类才能的祸害。
>
> ——诺贝尔

1914年1月12日，福特汽车公司宣布了一条令世人惊讶的决定，将本公司工人的最低工资，从原来的平均每天2.5美元提高了一倍，提高到每天5美元。要知道，这在当时可是一个惊世骇俗的决定，因为，在100年以前，这绝对是个天价工资，要知道，当时工人生产的福特汽车不过400美元，也就是说，满勤的工人，只需两个多月，就可以买一辆当时最时髦的T型车，而一般人要为之工作大半年之久。

虽然当时的汽车已经吸引了媒体的关注，但是真正能消费汽车的还只限于一些有钱人。大部分的普通人对此并没有多少兴趣，因为昂贵的汽车对他们来说只是一个遥不可及的梦想。

亨利·福特很清醒地认识到了这一点，他提出要生产出物美价廉的低档车，只有到广大工人都能用得起的时候，汽车业才会得到腾飞。于是，福特公司不断地改进设计、优化成本，

想方设法地降低汽车的价格，终于设计出价格相对便宜的T型汽车。

这种汽车的售价为260美元，是汽车销售价格里最低的一个。当时美国工人的普通月薪大概是30美元左右，约为1天1美元。260美元的汽车对普通工人来说依然是一个大数目，况且更大的问题是，当时的工人们根本没有购买汽车的消费理念，他们总认为汽车是达官贵族的奢侈品。

这让亨利·福特遭遇到了一个巨大的尴尬，依照当时的技术水平和现实状况，汽车的成本已经不能再低了，而工人们却对汽车敬而远之。福特公司做了很多"工人也能开福特"之类的宣传广告，可未见成效，甚至被人当成了笑话，这样一来，他的"平民汽车"的梦想仿佛就要落空了。

有一天，亨利·福特走在工厂车间里，看着自己的员工们认真工作的样子，忽然想："我自己的工人这么优秀，一天的工资也只有1美元，他们都开不上车，谈何让全国工人开汽车呢？"

"自己生产的车自己的员工买不起，我生产车还有什么意义呢？我必须要让我的员工首先买得起我所造的车，只有这样循环才能启动公司的发展。"亨利·福特的想法非常正确。如果一天挣5美元，普通工人立刻就可以变成福特汽车的买主，这是一个不可估量的新的消费群。

亨利·福特将许多媒体的记者都请到了公司，然后对所有的记者大声宣布说：

"从明天起，我们福特公司所有生产线上的普通员工的日工资涨到5美元，我们要让每一位员工都能够拥有我们福特公司自己造的汽车。"

一语惊人！消息一出，众人哗然，其他的竞争对手骂亨利·福特是汽车工业的搅局者，是不折不扣的哗众取宠，是叛徒，而舆论界一致认为，亨利·福特老糊涂了，疯了。

这个决定相当于让福特员工的工资在一夜之间翻了一倍，在当时的美国，从来都没有公司敢这么涨工资！

工人们非常欢迎这项举措，来福特公司应聘的人在门口排起了一眼望不到头的一字长蛇阵。而福特公司的员工更是以在公司上班为荣，即使穿着西服度假，也要把公司的徽章别在领带上或者戴在胸前。公司的旷工率也从10%，骤减到5‰。

让自己的员工首先成为"汽车族"，亨利·福特的平民理念才能真正贯彻下去。为此他选择了双管齐下，一方面，通过生产方式的革命不断压低产品的售价；另一方面，不断提高员工的福利待遇，先从公司内部培养一批潜在的客户。这无疑是一举两得的聪明做法。

第二天，全美的各大媒体纷纷报道了福特公司的调薪决定，给福特公司做了一次巨大的宣传，羡煞了全美的工人们，工人们纷纷涌向福特公司，希望能谋得一个职位。工人们的一个消费观念忽然觉醒——原来，我们做工人的，也能开上汽车。这样的观念甚至让社会学家高声叫好——一个崭新的经济时代已经来临！

从那以后，福特公司的低档车开始走俏，继而掀起了购买福特汽车的狂潮，整个汽车行业也跟着焕发出生机勃勃的活力。在很长一段时间，福特汽车的销量占了世界汽车销售总量的一半，福特汽车公司成为世界第一大汽车制造公司，福特汽车家喻户晓，几乎成为了汽车的代名词。

时至今日，福特汽车的广告牌在这个世界的任何地方都能看到，福特汽车的百年成长史中，每一款汽车的推出都有各种精妙的广告相伴成长。但是在福特人的心中，最成功的广告却不在电视和广告牌上，而依然是亨利·福特当年的那一纸提薪决定。因为那一纸聪明的决定，唤醒了一个阶级的消费意识，激起了一个行业的腾飞，甚至带来了一个崭新的经济时代。这样的广告效果让任何广告策划者都望尘莫及。

遗憾的是，福特的雄心壮志并没有得到同行的认可，上个世纪20年代，正是那个举世闻名的经济大萧条的前夜，很多目光短浅的资本家，为了追求利益的最大化，一方面提高产品的售价，另一方面拼命压低工人的工资。整个20年代，美国工人的生产效率提高了近一倍，而工资的增长只有可怜的2%，贫富分化越来越严重，多数工人只能挣扎在贫困和温饱线之下。资本家的做法无异于杀鸡取卵，涸泽而渔。

亨利·福特从一个思想者的高度来解释了这个现象：生产力越来越高，而福利却越来越低下，这就造成了需求的不畅通，我们的生产力越高，产品就会越过剩。这个就像人的身体，富人好比贪婪的无限肿大的脸庞，已经不能提供更多的增

长空间，而工人则像瘦弱不堪的四肢，越来越赢弱无力。如果美国社会是这样一个人的话，等待他的只有衰败，然后是死亡。

事实证明了亨利·福特的远见卓识。1929年10月，经济大萧条爆发了，整个资本主义的虚假繁荣泡沫破碎，经济陷入可怕的停滞和衰败的泥沼之中。

1933年，罗斯福担任了美国总统。他给经济大萧条开的第一个药方，就来自于福特公司的经验，他将老福特5美元的最低工资，以国会立法的形式确定下来，最低工资的标准也要随着生产力的提高而提高。

后来，美国终于走出了经济大萧条的低谷，走向了复兴和繁荣。也许，不能说是老福特给员工涨工资拯救了美国，但是，亨利·福特的做法确实值得我们深思。在一个健康的社会里，如果金钱和权力过分集中在少数寡头的手里，那么多数的下层人民就失去了消费的能力和自我造血的功能，这个社会就会是一个畸形的社会。资本家必须改变一个观念，你付给劳动者的工资，并不是你的慷慨赠予或者恩赐，一方面是劳动者的劳动所得，另一方面也需要有人与你分享财富，这才是文明社会继续前行的动力。

"正当的工资，并不是一个人愿意获得的最低额度，而是资本家——劳动力购买者所能支付的最高工资。"亨利·福特说。

同样一件事，换一个角度来理解，就会有着不一样的答案

和解决方法。福特的5美元最低工资，作为一项制度，有其延续的必要，作为一种人文思想，更有其传承的必要。

古罗马时代，一群先知设计了一种绳结，并且预言，将来解开这个结的人必定是欧亚大陆的主宰。多年以来很多人尝试解开这个绳结，却都是无功而返。当时身为马其顿将军的亚历山大，也听说了这个预言，于是趁着驻兵这个城市之时，试着去打开这个绳结。

最初，亚历山大连续尝试了好几个月，也和其他的人一样，他用尽了各种方法，也没能打开，真是又急又气。有一天，当他试着解开这个结再次失败后，他狠狠地说："我再也不要看到这个结了。"当他强迫自己转移注意力，不再去想这个结时，忽然脑筋一转，他抽出了身上的佩剑，一剑将结砍成两半——绳结奇迹般地打开了。这个马其顿将军，后来成了威加海内的亚历山大大帝。

亚历山大大帝和亨利·福特一样，都曾经面临着各种麻烦和困扰。惯性思维是要么承受，要么反抗。而福特选择的是逆向思维。他将危机变成了机遇，将冷遇变成了暴风雪中的宣传表演。他勇敢地跳出思维的绳索，不做贪吃蜜糖的苍蝇，而是彻底改变一种观念。

一个人能看到多远，他就能走出多远。

Ford

第六章　　人生是一扇虚掩的门

Ford

第一节 不用跑在任何人后面

> 如果你的眼睛只盯着利润，你就会在产品上敷衍了事。但是如果你关注的是如何生产最棒的产品，利润自然滚滚而来。
>
> ——史蒂夫·乔布斯

一部福特汽车大约有5000个部件，所以对生产的核心材料、技术、关键零部件的掌握是大规模生产的前提。福特的创业之路，不仅仅是造一辆汽车那么简单，他经历了诸多磨难。最后，他凭借自己的聪明才智和统筹安排，成为一个汽车王国的国王。

与其说福特公司的发展，是靠着工业文明的进步而发展起来的，不如说是靠着福特的坚忍不拔、永争第一的性格发展起来的。在福特公司的发展道路上，他遇到难题，总是能想办法解决问题。福特提出的口号是——所有的问题，我们自己解决！

在现代化分工越来越精细的社会，这种思想显得有些落伍，但是我们从中可以看出福特先生的决心，不畏惧困难，迎难而上，才会勇攀高峰。

众所周知，钢材是汽车业用料的基石，亨利·福特作为一个研究者，他不可能不知道钢材对汽车的重要性，所以他始终关注钢材市场和钢材的质量。

1905年，亨利·福特在一次赛车比赛中发现了法国赛车的钢质很棒，很轻又有韧性。经过研究，他们知道这种法国钢有钒的成分。美国没有钢铁厂能生产，他们找到了一个懂得生产的英国人，又找到一个小钢厂做高炉试验，从此开始用20种不同的钢铁来制造各种零部件。

此外，汽车生产还需要大量的煤，为了节约成本，亨利·福特建造了自己的运输干线。当时，生产用煤直接从福特公司的煤矿经底特律、托里多和福特公司控制的埃尔顿铁路，运到占地665英亩的罗格河工厂。其中的一部分用于炼焦炉，其副产品——煤气则用于供热处理，这就节约了煤气费用，真可谓是一举多得的创造。

对足以影响生产稳定性的材料、零部件"不求外人"，自己的公司完全可以胜任，使得福特公司的生产不受天气、战争等非人力因素的影响。相反，战争期间他们除了为海军制造潜水艇、为陆军制造坦克，还为英国农场提供了5000辆拖拉机。享有盛誉的T型车是福特公司第一辆使用自己制造的发动机的车型，也是亨利·福特眼中的"最后一种车型"。

起初，福特公司在一个工厂里组装整部汽车，后来由于自己制造零件，开始了部门化，每个部门只负责一件事情。精细的分工之下，福特公司减少向外面购买零件，而是在外面的工厂制造零件。高度标准化、高度分工的工业不再集中在一家大工厂里，这种分散生产，集中组装的模式深刻地影响了现代化的工业生产。

1908年10月1日，福特公司推出了T型车。伴随这款"世纪之车"，工厂的生产管理日渐稳定。每个工头每天都记录自己部门的工作效率。监工有一个囊括各种内容的表格，如果一个部门有什么地方不对劲，产量表格马上就能显示出来。

对于汽车制造这件麻烦事，"流程分解和优化"推进得坚决而彻底，而且效果惊人。

以活塞杆组装为例，按照老式的方法，28个人每天装配175只——平均每只用时3分5秒；工头用秒表分析动作之后，发现有一半时间用于来回走动，每个人要做6个动作，于是他改造了流程，把工人分成3组——再也不需要来回走动了；凳子上装了滑轮传动——现在7个人就能每天装配2600只，效率提高了近20倍。

几乎每个星期，福特公司都对机器或工作程序进行某些改进。生产规模很小的时候，工厂曾需要17个人专门清理齿轮的毛边，这个活又累又脏；有了专门的机器，4个人能轻松干几十个人的活。曾有37个人专门负责炉子里的凸轮轴，用了新型炉子之后，产量大增之下也只需要8个人……

对生产流程的彻底分解和优化，预示了生产史上最具有颠覆性的力量。亨利·福特在此基础上，创造了前所未有的流水线。

　　1913年4月1日，福特汽车公司诞生了世界上第一条流水装配线，其原始创意来自于芝加哥食品包装厂用来加工牛排的空中滑轮。早期的流水线上装配的是底盘，很快整车都在流水线上装配了，传动速度也经过了反复试验而变得日趋合理。

　　流水线的原则是：按照操作程序安排工人和工具。这样，在零配件走向成品的过程中，每个部件都尽可能经过最短的距离；运用工作传送带或滑动装配线，将需要装配的零件放在最方便的距离处。

　　保证流程本身的顺畅和效率是流水装配线的精髓。运用这些原则，工人减少了无谓的思考和停留，把动作的复杂性减少到最低程度，几乎只用一个动作就完成一件事情。

　　工业化大生产的流水线到底有多大的效用？

　　工人装配一台飞轮磁石电机曾经需要20分钟，后来工作被分解成29道工序，装配时间最终降低到5分钟，效率提高了4倍；直到1913年10月，装配一台发动机还要10个小时，半年后用传动装配线降低到6小时。福特公司后来日产量达4000辆，工人还不到5万——如果没有流水线，将不得不雇佣20多万人。

　　借助流水线，亨利·福特"单一品种、超大规模"的战略得以实施。T型车在20年内生产了1500万辆，汽车从五六千美元的"富人专利"变成了几百美元的大众消费品。

　　很多人将亨利·福特的性格归结为永不认输，永远争第一，就如史上最著名的赛车手理查·派克一样，他是运动史上

赢得奖金最多的赛车选手之一。

"妈妈祝福我吧，这次国际比赛，有35辆车参赛，我跑了第2名。"他第一次赛车回来时，兴奋地对母亲说。

"不，你输了。"他母亲头也没抬，毫不客气地回答。

"可是，亲爱的妈妈，"理查·派克不敢相信，这就是平时慈祥和蔼的母亲的态度，"这可是我第一次参加比赛，而且是国际比赛，好手云集。"

"亲爱的儿子，"母亲深情的说，"记住，你用不着跑在任何人的后面！"

理查·派克在接下来的20年中称霸赛车界。他的许多记录迄今无人打破。有记者问他成功的原因，他说，自己从未忘记母亲的教诲，是母亲在他为第2名沾沾自喜之时，给了他警醒，帮他发现了他还可能有争第一的潜能。

第一名，也许是每个人的梦想，但是事实上，不可能每个人都成为第一名，只要是竞争必然有先后的顺序，但是派克和福特这样的性格，需要的恰恰是通过对自己的心理暗示，将每个细节做到完美，因为在他们心里始终有一句话在激励自己：记住，你用不着跑在任何人的后面！

第二节　鲶鱼效应与竞争意识

物竞天择，适者生存。

——达尔文

　　一个公司的办公室，往往有着独特的办公室政治和哲学。亨利·福特一直用一种平衡的心理来管理福特公司。公司员工的关系疏远了，他就找适当的方式拉近感情；公司的竞争气氛不浓郁了，他就开始一轮新的年终考核。这样做的结果往往能收到奇效，亨利·福特将这种方法称为鲶鱼效应。

　　亨利·福特首先赋予了工人们平等的权力。他认为，大家从人格上来讲都是平等的，不用特意分成三六九等，而且根据调查，很多员工的罢工都是源自于管理层利益分配的不均衡，很多时候都是因为一些不尊重员工的事件，才诱发了如多米诺骨牌效应的罢工事件。

　　与其他公司的垂直管理不同，亨利·福特采用了独特的平行管理方式。福特公司提倡最大限度的"无头衔管理"：

　　"我们是来工作的，不是谈情说爱，用不着奋笔疾书；我们是来谋生的，不是听那些长官指责的；我们是来创业的，用不着那些繁文缛节、文山会海。"

亨利·福特认为所有的员工都是最出色的员工，没有必要以一种压迫式的管理使大家服从。在福特公司，有一个很有趣的现象，困难的不是发现要提升的人，而是谁愿意被提升。因为不会有多少人在希望得到更多钱的同时，还希望接受更多的责任和工作。能力越强、官职越大，同时也就意味着责任越多。福特公司的做法很值得推广，这比根据头衔划分责任、划分福利待遇，然后每个人都处心积虑贬低别人抬高自己，然后把向上爬当作工作目标来得好。

"我们没有任何事先准备好的位置，更没有所谓的特殊岗位，我们最好的人员总是自己找位置。这点很容易做到，因为他们不追求别的头衔，因为总是有工作在等着你。"亨利·福特表示。"当然，如果你只是专心工作，那么提升的机会会主动找到你。"

亨利·福特独特的管理哲学，并不是吃大锅饭。在平行管理的同时，他提倡竞争意识。当然，不是头衔的竞争，而是产能的竞争，然后给予重奖。

一家野生动物园曾经养了几百只野鹿，尽管环境优秀，食物丰富，而且没有致命的天敌，但是野鹿的体质却逐年下降，甚至威胁到了种群的发展。

后来管理员买了几头狼，放到公园四周，这样一来，在狼的追逐扑杀下，除了老弱病残的野鹿外，其余的野鹿四散奔逃，没过多久，野鹿的种群恢复了健康和活力，与狼也维持着一个合理的生物链。狼作为竞争关系的搅局者，将野鹿种群的

给世界装上轮子的福特

积极性充分调动起来了，懒惰的就被淘汰，只有奋力向前的，才能获得更好的生存条件。

一个福特公司分厂的经理走进车间，问一位工人："请问，你们这一班今天制造了几台汽车？"

"6辆。"工人回答说。

经理没有说话，默默地拿出一支笔，在车间的记录板上写了一个大大的数字——"6"，然后转身离开车间。

夜班工人接班时，看到这个"6"字，就明白了经理的用意，他们努力工作，将产量从6辆提高到了7辆。然后在记录板上把"6"改写成"7"字。

日班工人接班时，看到数字被修改了，想起白天经理的话语和数字的联系，于是一鼓作气，到了下班时，又把记录板上的"7"字改成了一个大大的"8"字。

就这样，这个车间的产量一直保持着福特汽车公司的生产记录，这一切，源自于一种巧妙的管理艺术——良性竞争。

第三节　刺猬法则和适当距离

> 如果我们想交朋友，就要先为别人做些
> 事——那些需要花时间、体力、体贴、奉献
> 才能做到的事。
>
> ——卡耐基

福特公司还有一项独特的管理艺术——刺猬法则。它的意思是要求员工保持适当的距离，既不能太亲密，又不能太疏远。管理者要把握好员工关系的尺度。员工关系太疏远容易造成关系对立、紧张，影响生产；员工关系过于紧密又容易形成小团体，同样影响生产。

福特汽车公司新泽西的一家分工厂，因为管理混乱，濒临倒闭。后来总公司派去了一位精明强干的经理威廉斯，在他到任后的第三天，就发现了问题的症结：偌大的厂房里，一道道流水线如同一道道屏障，隔断了工人们之间的直接交流；机器的噪音使得工人心烦意乱，而大家都面无表情地忙着自己的工作，宛如一个个提线木偶。

大家本来就疏于交流，而工厂的凄凉景象很快使他们工作的热情大减，人际关系的冷漠也使员工本来就很坏的心情雪

上加霜。这样的状况使得工厂的人际关系错综复杂，人人都不关心朋友，哪有心情关心工厂？于是，工厂日益衰败，消极怠工、打架斗殴的事件屡有发生。

威廉斯了解到事情的症结之后，做出了一个新奇的决定：工人的午餐由工厂免费提供，唯一的要求是希望所有的人都能留下来聚餐，有条件的员工还可以带来乐器，表演点小合唱之类的文娱节目，并规定凡是表演的员工，可以带一名家属吃工厂的免费午餐一次。

这种新奇的规定，很快就在工厂内传递了正能量，很多家属都跃跃欲试，联络感情，其乐融融。

这个方法两个月后就见了成效，尽管机器的轰鸣无法阻挡，但是人与人之间的交流频繁了，人心之间的距离缩短了，大家的心变得温暖起来，更加积极努力地工作，为企业献计献策，共同努力让企业实现了扭亏为盈的局面。至今，这个企业还保持着这一传统，由经理亲自派送烤肉，中午的午餐大家欢聚一堂，这已经成为了福特公司独有的企业文化了。

有人说人际关系是第一生产力，这种说法未免偏颇，不过，适当亲密的员工关系确实能营造和谐的气氛，提高生产能力。

另一方面，亨利·福特主张人格独立，他利用了经济杠杆实现了员工的经济独立，因为经济独立是人格独立的前提。他做了如下的努力：

将工资大幅提高，而将工作时间大幅缩短。

他不主张雇佣"双职工"，因为母亲出去工作是"对小孩作孽"。

福特工厂雇佣残疾人士，上万名残疾人士平等地获取正常工资。

除了工资，还有福利。享有福利的条件是：负担家庭生活的已婚男人，以及"生活节俭"的单身男人和抚养亲戚的妇女。福特公司将高工资赋予了诸多道德的涵义，得到了社会的一致赞誉。

高工资结合福利有助于实现低成本，而且也是从本质上改变了工厂的面貌。工人对工厂有深厚的感情，提高效率、增产节约的创造性办法就会层出不穷。

好的建议往往来自于认真工作的工人们。比如，一个工人建议工厂，利用高架传送装置把铸铁从铸造厂运送到机器车间，这为运输部节省了70个人工的费用。

据估计，福特公司在节约上得到的收益超过4000万美元：如果每个零件都节省一分钱，一年的总数可达上百万美元。从清扫的垃圾中一年可以获取60万美元；采用一种特殊螺丝一年可节省50万美元，研究类似这种节约的小窍门，在福特公司的员工心中已经蔚然成风，很多人业余时间都在琢磨多种多样的改良小创造。

"工资解决了90%的精神问题。"亨利·福特总结道，他幽默地说，"就像我们并不知道工资要高到什么程度一样，价格要低到什么程度我们也不知道。"

福特公司的福利政策甚至惠及到了顾客身上。福特公司的利润由于资金周转快而长期保持在很高的水平。有一年的利润远比预期高得多，于是公司自愿返还每一辆车的车主50美元。这也是商业史上破天荒的第一次，更加深了顾客的黏着度，培养了一批忠实于福特品牌的顾客。

亨利·福特曾经说过：成功的秘诀，在于把自己的脚放入他人的鞋子里，进而用他人的角度来考虑事物，同样的，管理就是刺猬法则，每个人在保持距离的情况下，才能体会同伴的心理。而服务就是这样的精神，站在客人的立场去看整个世界，这个世界才会更完整。

第四节　选择比努力重要

> 在我看来，选择，与其说是取舍，不如说是摒弃我没有选的东西。
>
> ——安德烈·纪德

有一位先知，传说他不但通晓天文、地理，还能为人卜卦，预测未来。有一位年轻人不相信有这种事，于是决定亲自去会一会他，而且要难倒这位先知。他抓了一只鸟来到先知的面前，然后就问道："先知，人人都说你无所不知，那你现在看，我手上这只鸟儿是活的呢，还是死的呢？"

先知思索了一会儿，笑着回答说："如果我说是活的，你就会用力把它给掐死，如果我说是死的，你就会松开手让它飞走，小伙子，是死是活，完全掌握在你自己的手上。请你把手张开，答案就出来了！"

这个故事说明，虽然客观环境很重要，但是，起决定性作用的却是一个人的思想观念。无论是何时何地，积极和消极就像孪生姐妹，占据着人的灵魂，因此有人成功，有人失败，选择哪种人生由你自己决定。

人往往被自己的选择所困扰，有的时候不是机会太少，而是选择过多，人需要一种清醒的判断力和足够的意志力。人心只有方寸之地，放得下庸庸碌碌，就放不下精神栖居，人心只在咫尺之间，容得下是非流言，就盛不满对生命的领悟和欣喜。如果自己喧闹聒噪，那么在幽静清修之所，也会杂念丛生；如果自身安静，那么世界再纷杂，也是个清净的所在。

很多人在成熟之后，变得患得患失，首鼠两端，都是因为害怕失败的缘故。总是忘记自己拥有的，而渴望注定失去的，挫折感弥漫在生命的各个角落。这个时候，需要你学会放下。

亨利·福特是那个时代最优秀的大魔法师之一，他的人生哲学就是——选择要比努力更重要。

他选择了流水线，流水线模式使汽车生产从作坊跨进了工厂时代，进而为现代工商业带来了革命。

"从变化中我们能明白，我们付出了远比该付出大得多的

代价，明白人们得到的工资远比他们该得到的低得多，也明白还有多么广阔的领域等着人们去开发利用。"他在回忆录中写道，"福特汽车公司只是沿着这条道路走了一小段而已。"

亨利·福特坚持了自由经济、反对垄断，因为他吃过"行会组织"的苦头；他坚决反对投机主义，并把投资称之为"投机"；他建立的职业学校为数以万计的贫困孩子提供了学习和工作的机会，他修建的医院、铁路则为同行树立了标杆。

除了管理企业，亨利·福特还用很多的时间思考政治经济学问题。作为一个理想主义者，他梦想着"把苦役从劳动中清除出去"，对民主制度、工资与福利的本质、慈善事业、机器与人的关系等都有专门的论述。

亨利·福特坚持认为，公司的未来在于生产适合大众市场的价格低廉的汽车。福特汽车公司在全球牢牢建立了自己作为综合工业巨头的地位。在这些年高度膨胀的发展中，福特汽车公司迁至位于密执安州海兰公园的更大的工厂。在密苏里州堪萨斯城成立汽车工业首家装配分厂。

到了1927年，T型车气数已尽。T型车虽然作了改进，但多年来基本上没有变化，慢慢失去了市场，让位于福特竞争对手所提供的无论款型和动力都高出一筹的车型。福特哀伤地说："这也是一种选择，只不过，我们的消费者选择了放弃。"

于是，福特公司开始积极地生产自救。1927年5月31日，福特公司全国各地的工厂都关闭半年，为生产新款A型车更换机械设备。A型车在各个方面都有了巨大的改进。在1927年末到1931年间，共计450多万辆不同车身造型和不同颜色的A型车行驶在美国的大街小巷之中。

1942年，福特在战争中选择了正义的一方。

当公司必须将所有资源投入支持战争的工作时，民用车的生产突然停止。由埃兹尔·福特发起的庞大的战时计划，在不到三年内一共制造了8600架四引擎B-24"解放者"轰炸机，57000台飞机发动机以及超过250000台坦克、坦克驱逐舰及其他战争用机器。

埃兹尔·福特于1943年去世，当时正值其计划达到最大生产效率之时。年迈而悲伤的亨利·福特重新执掌帅印，直到第二次世界大战结束，他二度辞去总裁职务。亨利·福特的长孙——亨利·福特二世于1945年9月24日继任总裁。

亨利·福特在最终放弃公司的所有事务之后，与妻子克莱拉安静地生活在位于迪尔伯恩"美景街"的老房子里，直至1947年4月7日辞世，享年83岁。

亨利·福特伴随着大工业而生，他的名字令后人敬畏。在葬礼的那一天，美国所有的汽车生产线停工一分钟。半个世纪之后，《财富》杂志称其为"20世纪最伟大的企业家"；在《福布斯》"有史以来最有影响力的20位企业家"中，他的名字列在榜首。

亨利·福特的一生，多数时间都做出了正确的选择。

"人生最奢侈的事就是做你想做的事。"英特尔公司前总裁格鲁夫说。

员工违心做事，有的是身不由己，更多的是可供的选择太多，不知道自己想做什么。英国心理学家萨盖做的实验证明：戴一块手表的人知道准确的时间，戴两块手表的人便不敢确定几点了。

美国洛杉矶加州大学经济学家韦奇观察到，即使一个人已有了主见，但如果有十个朋友的看法和他相反，他就很难不动摇。

再来看另一个关于选择的小故事。

托马斯·沃森，他被撵出公司时已经40岁了，而且拖家带口，但即使在那个时候，他选择职业也很严格。他先后拒绝了制造潜艇的电船公司和生产武器的雷明顿公司的邀请，他觉得这些红火的公司在二战后就没有什么前途了。道奇公司请他做总经理，但不能分红，沃森也没有接受。后来沃森成为大名鼎鼎的IBM公司总裁。

如果沃森没有拒绝这些对别人来说十分诱人的职位，就没有了后来的IBM公司。公司的商业机会如此，人生的职业规划也如此，要选择自己所能达到的职场高度。

拿亨利·福特来说吧，当年爱迪生公司许诺亨利·福特做主管，条件是要亨利·福特放弃内燃机车的研制。

"我早就知道我一定会选择汽车。"亨利·福特的选择很轻松。年轻的亨利·福特知道自己存在的价值，知道自己的路与众不同，他要做的就是汽车制造的先驱，而不是区区一个不

和创造世界名牌的人

一起放飞梦想

Let the dream fly

知名的主管。如果福特当年选择做主管，很难说还有福特汽车公司，也难说美国是一个"车轮上的国家"。

选择做什么工作，就是选择自己的方向。有的员工半途而废，无所适从，没有成就感，都是因为不能解决这个根本问题。美国一句谚语说得好："当一个人知道自己想要什么时，整个世界将为之让路。"

第五节　福特家族的伙伴们

用众人之力，则无不胜也。

——淮南子

也许是源自于亨利·福特对童年那个动物乐园的追忆，福特公司旗下的诸多著名品牌都以动物名字命名，其中最著名的有三个：雷鸟，野马和金牛，它们都可以看作是"奔跑的小兔子"的好伙伴。

如果没有小型运动车——福特雷鸟，福特汽车的历史将不会完整。雷鸟车型于1954年10月22日在经销商展厅内首次亮相，售价为2695美元，加上运费则为3000美元到4000美元。人们一下子就被雷鸟征服了，第一个10日销售期内就下了超过3500份订单。

在其后的几年内，由于市场研究显示，有孩子的家庭不会将两座车作为他们的主要家庭用车，雷鸟在设计上相应地做了许多改进。1971年，雷鸟已经是家喻户晓，著名的网络商店亚马逊甚至在其购货清单内填写的是"他和她的雷鸟"，意思是雷鸟是"送给拥有一切的人的礼物"。

情侣型雷鸟配有车载电话、录音机和其他的豪华设备，一对车售价为25000美元。20世纪80年代和90年代的雷鸟外型变化很大，其"太空造型"为公司乃至汽车业指出了未来的发展方向。1959年雷鸟出现在赛车跑道上，1982年又突然现身于全国汽车大赛赛场，并在全国汽车大赛和各种拉力赛中赢得了150多场比赛的冠军。

20世纪末，雷鸟不再符合顾客的品味，持续的销量下降迫使福特宣布1997款雷鸟之后，在一段时间内将不再推出雷鸟车型。然而两年之后，1999年1月3日，福特汽车公司在底特律北美国际汽车展上，揭开了一款全新的两座雷鸟概念车的面纱。2000年5月，公司确定将在2002年建造这款概念车的量产版。如今，雷鸟又可以展翅高飞了。它是如此与众不同。自从2002年1月量产以后，雷鸟的销量一直稳中有升，我们好像看到了这个名车当年的风采。

当然，福特公司的光荣榜上，也少不了一匹"野马"。

20世纪60年代的社会关键词是"年轻"。年轻的肯尼迪总统上任伊始，就倡导建立一个经济繁荣、乐观向上的美国。

福特汽车公司意识到，适合年轻人的低价跑车将拥有强大的市场需求。时任福特汽车公司总经理的艾克卡将野马的全新概念车，带到了亨利·福特二世和将信将疑的董事会面前。

在1964年的发布会上，福特野马引起了轰动，人们从全国各地蜂拥而至，只为一睹它的风采。自从A型车推出之后，福特再也没有领受过公众对一款福特车具有如此强烈的兴趣。

这款轮廓鲜明的四座野马成了美国的"宠儿"。这股"热情"在第一个百日内带来了10万辆的销量，售价为2368美元。当年的总销售量创下了40多万辆的记录，远远超出市场研究预测的10万辆。几十年来，福特野马已经成为美国风景的一部分，时至今日，它在怀旧的美国人的心中还是魅力不减。

福特汽车公司的另一个成功故事，发生在20世纪80年代，在经济滑坡之后福特金牛和福特水星的横空出世。

当时，石油价格飞涨和汽车销量下降，促使福特公司想尽快制造出一款既省油又标新立异的汽车，目标是成为中高档汽车的全球领袖，其结果是福特金牛和福特水星的问世。

这两款车型为汽车工业日后的空气动力设计潮流奠定了基础，象征着福特公司对所有档次的车型新的质量要求。金牛开发小组成立的时候，福特公司正处于内忧外患之中，谁也不知道近30多亿美元的研发费用，是否会因为对汽车行业趋势的误判而打了水漂，这是一场真正意义的赌博。福特公司决心背水一战，大有毕其功于一役的架势。于是，金牛研发小组的目标是每一个细节都力求完美。有了高层的支持，小组成员们更是不折不扣地履行这一承诺，他们的努力有了惊喜的回报。

当开发小组发现汽车质量未达到其苛刻的标准时，他们将金牛的推出时间推迟到了1985年12月26日。结果，或许是误打误撞，也或许是阴差阳错的饥饿营销起了作用，即便是忙碌的节假日和寒冷的天气，也阻挡不住前来购买金牛汽车的人的热情，这款姗姗来迟的金牛汽车当选为1986年的"年度汽车"，并在1992年至1996年期间雄踞"全美最畅销汽车"的宝座。

除了代步工具，福特公司还有其他优秀产品，福特卡车——F系列就是其中的典范。

1945年，随着二次世界大战的结束，美国的汽车生产线恢复了民用车的生产。大多数美国人在战争期间都不允许购买汽车，如今他们需要新的小汽车和卡车。1948年1月16日，福特汽车公司建造了第一辆F系列皮卡，后来成为汽车史上最成功的车型。

自1948年以来，全球各地的消费者、企业和商用车队客户大约购买了2750万辆F系列皮卡。1995年，F系列压倒大众甲壳虫成为历史上全球最畅销的汽车，而在北美，F系列卡车连续21年成为最畅销车辆，共计26年荣获"全北美最畅销汽车"称号。

福特汽车公司作为全球著名的汽车公司，翻开它的车型目录，必有一款车型让你心仪，即使在未来，也必有一款车型让你心动。无论是小兔子、野牛，还是雷鸟、金牛，这些活泼好动的小伙伴，带给世界的不仅仅是律动的生命旋律，更是一往无前、永远奔跑的勇气和精神。

Ford

第七章　走下神坛的福特

Ford

第一节 盲目和懈怠一样危险

当我们局限于我们自己的专业领域时，便固执；当我们超出我们自己的专业领域时，便无知。

——歌德

即便是灿烂无比的太阳也有日落西沉的时候，风光如福特也难以独霸汽车天下，通用汽车公司的崛起，开始逐步蚕食福特公司的销售份额。

两家的实力本来旗鼓相当，但是亨利·福特固执而呆板的生产模式和营销策略，阻碍了公司的多元发展。很多员工提议按顾客需求重新设计产品，保证产品的多元化发展等建议，但是这些合理建议都遭到了亨利·福特的拒绝。亨利·福特还是坚持单一品种的生产营销策略。不仅如此，此后的20多年时间，亨利·福特总是拒绝此类的合理化建议，当一个人固执到了偏执的程度的时候，就值得警醒了。

这不仅反映出亨利·福特在公司内部管理上的盲区，也折射出更深刻的问题：这种固执不是基于经济要素的考虑，而是深层次的心理问题。

如果你的思维和决定被心理暗示或者环境所控制，而不是你的本性使然，不是你深思熟虑的结果，那就是一条危险的路径。小说家威廉·詹姆斯说："聪明的人用别人的智慧充实自己，而愚蠢的人用别人的思想控制自己"。的确，一个人越是渴望得到，越是有可能成为这种欲念的囚徒。

亨利·福特的理念是——在产品的生产上追求效率的最大化，在工艺流程上追求科学比重的最大化。为此，亨利·福特冻结了产品技术，拒绝了一切试图改善T型车的建议，甚至为此做出了很多匪夷所思的举动，这使得他失去了一些人心，也为他的事业发展人为地增添了阻碍。

1912年春天，亨利·福特访问欧洲，他手下的几个工程师就谋划改进T型车。

他们发现，通用公司之所以能赢得市场，是他们充分尊重了用户的需求。美国的道路经过多年的修整，已经不是先前的凸凹不平的乡村土路，不一定非要把车子弄得重心过高，再者说，美国经济的快速发展，使得家庭成为汽车需要的核心要素，那么先前的车型就显得空间有些逼仄。于是，聪明的设计师们把车身延长了12英寸，又降低了重心，使之驾驶更平稳、更舒适。

亨利·福特访欧回来了，工程师试图给他一个惊喜，就像奉献一个礼物一样，等待着对方的欣赏。他们将汽车的新模型擦拭得光洁无比。

亨利·福特推开了房门，看着新车样品模型，脸上没有任何表情，一言不发，默默地转了好几圈。最后，他突然来到了模型面前，上去一把揪掉了左车门，然后又飞起一脚，一脚踹掉了右车门。旁边的工程师们惊得目瞪口呆，不知道哪里设计出了问题，惹怒了平时温和的老板。

亨利·福特的表演还没有结束，他冲进了车子，将后座椅一把丢出车外，最后绕到车头前，从地上捡起一个大号锤子，一锤子把挡风玻璃砸了个粉碎。然后，有些气喘吁吁的亨利·福特将锤子往呆若木鸡的工程师们面前一扔，扬长而去。

虽然在亨利·福特自始至终没说一句话，但是大家都明白了他疯狂砸车表演的真正用意：这里是我的地盘，我说过的话就是上帝的旨意，谁也不能动他的T型车，除了他自己。

员工不能触动亨利·福特的底线，即使是最好的老朋友的提议也是如此。既伟大又可怜的亨利·福特没弄明白一件事——活在掌声里，就会死在骂名中。

弗兰克·库利克是亨利·福特几十年的老朋友，一天，他满怀希望找到福特："哎呀，老伙计，能不能给我的老家伙换一个大一点的心脏，引擎功率越大越好。"

"好啊，一点问题也没有，找我就算找对人了。"虽然如此说，但是亨利·福特满心不高兴，因为无论是谁，敢对自己心爱的T型车说三道四，就像侮辱自己的儿女一样，令人无法容忍。

亨利·福特为弗兰克单独试制了一个马达。这时候，他灵机一动，决定跟老朋友开个玩笑，治一治老朋友的贪全求大

的毛病。他恶作剧地把每个汽缸的尺寸从1.25英寸减少到1英寸，造好后，有意不作说明，不动声色地让弗兰克试开。

弗兰克满心欢喜，将马达发动，汽车轰鸣作响，绕场三周。下了车，亨利·福特把住了老朋友的肩头，热情地问他："怎么样，是不是感觉和先前不同了，这样改款之后是不是马力更强劲了？"

厚道的弗兰克不知有诈，老老实实地回答："是的，新引擎马力更大，感觉自己又回到了当初和你并肩战斗的年代，好像浑身都带劲。"

这时候，亨利·福特的嘴角上扬，他轻轻打开车盖，弗兰克这才惊讶地发现，新的引擎其实变得更小，而不是更大了。看着目瞪口呆的弗兰克满面羞愧、一脸窘相，亨利·福特哈哈大笑，拍一拍老朋友的肩膀，长长地出了一口气。

"我最亲爱的弗兰克，不是越大越好啊。"亨利·福特对自己的车子，更加珍视了。因为他觉得，所谓的用户体验不值得一提，那不过是消费者蒙昧无知的幻觉，这个世界上没有谁比自己更懂得汽车的真谛，就是简单、快速，除此之外别无其他。

福特汽车是亨利·福特的汽车，是亨利·福特的发明创造，他不能容忍别人来对他的毕生心血指手画脚。

对于弗兰克，对于顾客来说，T型车不过是一种车型，是诸多消费行为中的一种选择；对于福特公司的设计师来说，T型车只是流水线上的一个产品；但对于亨利·福特，T型车却

是他一生理想的结晶，是他生命的一部分，甚至是最重要的一部分。他奋斗的动力和奋斗的目标，都指向了这个家伙。任何对T型车的批评，都被视作是对他本人的批评。

此后的30年中，任何对福特的T型车提改革建议的人，都在亨利·福特的石墙一样的顽固面前碰了壁，连他的儿子也不例外。

虽然亨利·福特当时在汽车行业呼风唤雨、顺风顺水，几乎占据了垄断地位，一般来说并不难回应竞争者的挑战，但亨利·福特的问题是，恰恰是他的长处、强项在新的环境中转化成了短处。通用汽车的竞争所指向的是福特体系的核心：单品种大批量生产。要想反击通用汽车公司的咄咄逼人的攻势，福特汽车必须对整个工艺流程、组织理念、产品模型做出根本性的改变，而这对于把流水线视为最高理想境界的亨利·福特来说，是绝对不愿意看到的。

就像山谷里的最后一个猎人，固执地抚摸着自己的猎枪；就像渔船上的最后一个渔翁，在烟雨中回味一生的传奇。亨利·福特坚守的不一定是自己的权威，而是一段陪伴他奋斗创业的记忆，他需要时时回到那里，重温往日的钻研和奋斗历程。

真是成在执着，败在固执。

第二节 错误在于重复错误

> 谬误有多种多样，而正确却只有一种，这就是为什么失败容易中的，而正确经常脱靶的缘故。
>
> ——亚里士多德

亨利·福特的儿子埃兹尔·福特，非常爱他的父亲，他对父亲和父亲的事业非常忠诚，始终尝试着用非常耐心的方式说服亨利·福特跟上新时代。不幸的是，他的忠诚和孝顺，被父亲看成是胆小怕事，根本不相信他说的话，每当埃兹尔·福特例举克莱斯勒使用职业经理人取得事业的辉煌的时候，老福特总是会将这样的建议看成是对自己的嘲讽。

"我也没啥文化，你看看，你现在还不是一样，靠着我这样的大老粗生活？"亨利·福特总是反问儿子。

亨利·福特性格已经变得喜怒无常，根本听不进不顺耳的话，尽管儿子的劝诫真诚而中肯。

"通用汽车公司已经推出6缸引擎，效果非常好，我们能不能试试？"一天，埃兹尔·福特再次恳求父亲，这已经是埃兹尔·福特第5次请求父亲，答应自己的革新实验了。

这次亨利·福特并没有像往常那样忿然作色，而是低头不语。埃兹尔·福特欣喜若狂，以为父亲已经默许了自己的计划，于是就和身边的设计人员开始了疯狂的绘图、实验。半年后，新设备的模型终于实验成功了。同时，还有当时福特公司一个超前产品——液压刹车仪器。

"告诉您一个好消息，我们研制成功了！"埃兹尔·福特兴冲冲地把这一切告诉父亲。

"恭喜你，不过，我也有好消息告诉你。"老福特的话语也包含着兴奋，"你和你的设计师到废品车间来，我新研制了一款废品输送带，大家来参观参观。"

大家来到了厂房里的废品仓库，传送带就在仓库的顶端，废品自上而下运输下来。不一会，传送带开动了，老亨利·福特不动声色，注视着吱呀作响的机器。

令埃兹尔·福特吃惊的是，传送带上竟然是他们辛苦了半年的工作结晶——6缸马达。

"现在懂了吧？想要在我眼皮底下搞花样，弄创新，就看看这个家伙的下场……"亨利·福特望着被吓得目瞪口呆的儿子和工程师们，冷冷地说。

在亨利·福特近乎独裁的高压统治下，福特汽车公司的创新能力被完全压制了，人们谈创新而色变，唯有老老实实守着以前的技术过日子，很快，福特汽车公司就被革新求变的通用公司远远地甩在了后面。

7年后，亨利·福特终于批准了6缸汽车上马，但那个被

他碾碎的样品，永远无法取胜了，因为他们损失了7年宝贵的时光。对手精进，而自己保守、陈腐。14年后，福特又批准了液压刹车上马，不过这个在14年前领先的发明，由于福特的固执，如今已经是落后的技术了，亨利·福特又没有抓住趁势而上的发展机遇。

汽车销量逐年下滑，而亨利·福特的性格也越来越孤僻，他将自己封闭在一个狭小的个人圈子里，很多时候，都是自己对自己喃喃自语，没有人敢对他说实话，更没有人敢对他提建议。亨利·福特依靠的只是几个少数的亲信，信息渠道的闭塞反过来加剧了自己的疑心病，他更加独断专行，暴戾多疑。人们不敢靠近亨利·福特，他真的成了孤家寡人。

1946年，当亨利·福特不得不让位给孙子亨利·福特二世时，福特公司的亏损已达到每月1000万美元；只是因为福特公司的巨大规模和二次世界大战的政府订货，才使福特公司免遭倒闭的厄运。

《韩非子·外储说上》曾说道："夫良药苦于口，而智者劝而饮之，知其入而已己疾也；忠言拂于耳，而明主听之，知其可以致功也。"

《史记·留侯世家》也有这样的话："忠言逆耳利于行，良药苦口利于病。"意思是忠告和良药一样，不能给人带来甜蜜的感受，却有利于纠正一个人的错误，使他走上正确的道路。刘邦听谏的故事，讲述的就是这个道理。

公元前207年，刘邦率领大军攻入咸阳，在阿房宫里，看到了珍宝美人的奢华美丽，就乐不思蜀，准备享受人生。

部将樊哙就劝解："沛公是想得到天下呢，还是仅仅满足于做一个富人？"刘邦回答说："当然是坐拥天下。"

樊哙真诚地说："你看到的珍宝美人，正是秦国灭亡的毒药啊！"谋士张良也劝诫说："樊哙说得对啊，忠告不美，良药不甜蜜，但是对人都有好处。"沛公听从了他们的建议，封存珍宝，遣散美人。最后终于做了皇帝，一统天下。

刘邦是睿智的，他放弃的只是一时的奢侈享乐，可是他得到了天下。

导致亨利·福特晚年固执专制的还有一个原因，当时的福特汽车公司是个并不上市的私人性质公司，并没有今天被称为现代企业制度的董事会制度。亨利·福特个人拥有绝对的控制权，虽然这种制度在创业期间有助于保证指挥系统的号令有效，但是因为内部没有一个能够制约平衡亨利·福特的治理机制，决策的随意性很大，一把手的决策错误往往会导致一个企业走向破落。不但福特公司为此遭受了重大损失，亨利·福特本人为此也付出了巨大的代价。

福特公司直到1956年才变成上市公司，虽然以后的经营状况良好，却再也没能恢复福特公司在汽车行业的龙头老大的地位。

如果，当初他听从了儿子的忠告，或许，结果会完全不同。

但是历史不允许假设。

第三节　危机重重的福特

> 读书好耕田好学好便好，创业难守业难
> 知难不难。
>
> ——蒲松龄

在亨利·福特晚年的时候，福特公司就已经开始走下坡路，公司陷入财务亏损之中。上世纪40年代，福特已经排在了通用和克莱斯勒的后面。

1943年，亨利·福特把在海军中服役的孙子亨利·福特二世召回，令其继承祖业。受过高等教育的福特二世清醒地认识到：要挽救福特公司，就得进行一番彻底的改革。第一步就是招揽人才。经过一番努力，原通用公司副总经理布里奇，后来担任美国国防部长的麦克纳·马拉和世界银行行长桑顿等10位被誉为"神童"的管理人才，都被他招至麾下。

在这10位"神童"的协助下，亨利·福特二世随后对公司的运行机制进行了改革，公司的面貌焕然一新。改革的第一年，公司就扭亏为盈。经过几年的努力，福特公司终于保住了美国第二大汽车公司的地位。

1948年，所有重要的汽车公司都推出了具有戏剧性变革的最新车型。繁荣的战后美国正迎接着一场汽车工业的设计变革。

1948年6月8日，1949款福特车型在纽约隆重推出。这辆侧身平滑光洁的福特49汽车拥有独立前悬架和可开启的新型后角窗。车身与翼子板的融合是一种创新，为日后的汽车设计设立了标准。

福特49给了福特汽车公司在竞争激烈的美国汽车制造业中生存的强大动力。1949年，福特大约销售了80万辆汽车，赢利由前一年的9400万美元上升到近2亿美元。这是自1929年以来创下的最高汽车销售记录。

亨利·福特二世的战后重组计划，使公司迅速恢复了元气，他在美国成立了44个制造厂、18个装配厂、32个零件仓库、2个大型试车场和13个工艺开发和研究机构。除大规模增加福特车辆制造设施之外，这项计划还引入了公司多样化经营，涉及金融、保险、配件与服务、电子、玻璃、航空和汽车租赁等领域。

今天，除生产福特、马自达，以及阿斯顿马丁、林肯外，公司还涉足金融服务领域，如福特信贷、福特客户服务部、汽车租赁公司等。福特信贷是福特汽车公司的全资子公司，在汽车融资业中位列全球第一。它在全球36个国家拥有1100万客户，雇员人数接近2万。另外，它还为一万多个经销商提供资金和抵押贷款服务，解决他们的资金困难。福特信贷在客户满意度及忠诚度方面处于业界领先。

福特金融服务公司于1987年10月成立，它在关注客户需要的同时，为福特公司提供一份稳定的收入来源以均衡公司的汽车业务。福特汽车公司拥有全球最大的汽车租赁业务。遍及全球140多个国家近7000个运营点，为包括财富500强在内的许多商业用户，以及数以百万计的个人用户提供服务。年度营业额曾达到50亿美元。

尽管亨利·福特二世使尽浑身解数，但是仍然难以挽回福特公司下滑的颓势。这之后，福特公司的利润逐年下滑，到2005年，福特公司创造了公司成立103年来的亏损记录，全球业务亏损高达127亿美元，平均每销售一辆车亏损近2000美元。

对于福特家族的现有成员来说，光荣与梦想已经成了历史。他们现在需要面对的是一个步履维艰、似乎随时都有可能破产的企业。

从20世纪80年代后期，福特公司开始和一系列知名的国际汽车公司合作，在国外进行本地化生产。全球扩张把福特带入了最佳的境界。对于福特来说，取代通用汽车而成为全球第一汽车商，似乎是唾手可得了。但从1999年开始，危机再度降临在福特身上。

亨利·福特去世后不久，他的两个小孙子——本森·福特和威廉·克莱·福特也在公司担任了重要职务。但是，他们并不是将门虎子，也没有回天之术，福特的效益仍然在逐年下滑。

其后，雅克斯·纳塞尔被任命为福特的CEO。同年，比

尔·福特——亨利·福特的曾孙成为董事会主席。福特家族给自己挖了个坑，然后在纳塞尔的带领下，迅速跌落坑中。纳塞尔掏出了上百亿资金投资到豪华品牌上，如沃尔沃和路虎。其他的投资还包括了一些汽车维修企业和因特网公司。这是一次金融上的冒险行为。

一些商务媒体批评纳塞尔偏离业务重点——汽车制造和销售，而将精力过多地放在电子商务信贷、循环利用废料及福特快速服务运作上。到2001年秋天，福特亏损已经高达540亿美元了，纳塞尔不得不黯然离职。

随后，比尔·福特临危受命，出任CEO。比尔说："福特的历史上有很多次的艰难险境，我们都一次次地过来了。这一次我们还会渡过难关。"上任之后，比尔提出了详细的福特复兴计划。不过他所进行大刀阔斧的改革给人留下深刻印象的不外乎两点：关闭工厂，大幅裁员。有统计显示，在小福特任职期间，公司裁员近十万人，股票市值下跌180亿美元。

与他的曾祖父和叔父相比，比尔·福特的改革方案实在是缺乏想象力，但是，比起其他的家族成员，他已经是最合适的人选了。

现在，尽管福特公司仍然控制在福特家族的手中，但是已经今非昔比，公司百病缠身、麻烦不断。在历史上，福特公司也曾经历过巨大的危机，后来都涉险过关。这一次，福特家族的家族神话是继续上演，还是就此破灭？这已经成为美国人津津乐道的话题。

第四节　永不放弃

永不放弃有两个原则，第一个原则是：永不放弃，第二原则是当你想放弃时回头看第一个原则：永不放弃！

——丘吉尔

一个老人临终前，为了选定自己的接班人和财产继承人，设计了一道难题，他分别给了三个儿子每人100元，要求他们买一件东西，唯一的要求是填满一个大屋子。

大儿子很节俭，他决定买最便宜的东西，于是买了最廉价的草，但是几大车青草只填了大屋子的一个角落。

二儿子很善于观察，他发现兄长的策略行不通，因为青草的体积不够巨大，于是他买了100元的棉花，他信心满满，以为一定能填满大屋子，没想到，只装了不到一半的空间。

小儿子并不着急去购买物品，而是静静地看着两个兄长失败而出。他是个有智慧的小伙子，他去街上花了一元钱，买了一根蜡烛和一盒火柴。请父亲来到密闭的房间，然后点燃了蜡烛，瞬间，微弱而温暖的光明，照亮了整个空间。顿时，漆黑的仓库中充满了蜡烛所发出的光芒，虽然微弱，却温暖无比。

老人宣布了他的决定，小儿子成为继承人，老人对三个儿子说："选择他的理由很简单，因为他明白了一个重要的人生真谛——物质并不能填满空间，而爱的灯光和温暖能照亮空间，温暖心灵。"

小比尔·福特——亨利·福特的曾孙成为福特公司的董事长。比尔被认为是一个和曾祖极像的继承人——温和而富于奉献精神。两年后，比尔·福特成为公司董事长兼首席执行官。上任之后，他带领公司走向了复兴之路，并宣布了一项复兴计划，这个庞大的计划提出，以大众化兼顾高端产品为中心，强化成本核算，增强产品的竞争力，恢复服务意识强的公司传统、重视用户体验。

其实，福特公司还是有着无可估量的企业资产的，比如，对于上一辈的美国人，福特汽车公司就是亨利·福特和富于传奇色彩的T型车。今天，福特是全球最大的卡车制造商，全球领先的轿车生产公司，在全球有几十种品牌汽车热销。包括福特、林肯、阿斯顿·马丁及马自达等品牌。还有福特的服务品牌，已经成立近50年的福特汽车租赁公司。

自1904年福特加拿大公司成立算起，今天，福特的国际化步伐已经迈向了全世界，在全球近30个国家设立制造基地，雇佣国外员工多达20多万人。在2002年，销售汽车总数约为7000万辆，销售额超过千亿美元。

小福特在致福特汽车公司近百万股东的信中，对福特的未来作了如此展望：

"福特是一个伟大的公司，拥有丰富的传统。明年我们将庆祝公司的百年诞辰。对我们来说，回顾过去并不意味着退回过去，而是为更好地走向未来。我们在过去的100年中学到了很多。我们明白了创新的突破性产品是我们成功的原因。我们知道，我们与那些和我们息息相关的人们具有特殊的关系，包括我们的雇员、经销商、供应商和顾客。我们学会了如何在一个充满激烈竞争的行业中生存和壮大，如何克服逆境。我们矢志做一名优秀的企业公民，对我们所有的股东开诚布公。我们将借鉴所有的经验教训，在21世纪创造更大的物质与精神财富。让我们期盼未来，奔向未来。"

小福特的信，让我们看到了未来的希望。虽然他们暂时落后了，但是作为一个有着百年辉煌的企业，他们没有抱怨时代的公平与不公平，更没有抱怨消费者的选择或不选择，而是从自身寻找差距。

这个世界并没有一个完全公平的所在，你也永远得不到两全齐美的秘诀。大雨之后，一种人看到的是满地的泥泞和绝望，而一种人看到的是漫天的蔚蓝和自由。心态决定你的心境，而心境又决定你的人生。人生就如同在泥沼上行走一般，如果一切都无所谓，抱着得过且过的态度，那么你的人生就如惊鸿无痕一般，什么都没留下，但是，如果心中装满了各种贪欲，高举着欲望的旗帜，那么你就会愈陷愈深，无法自拔。

只有放下，我们才会发现，选择的自由与可贵。

我们可以换一个角度认识公平不公平，所有的不公平其实都是人生的变化。是的，我们要接纳生活中的各种变化，这样的人生，才有高低起伏，峰峦低谷。曲折向前的人生，才是最有意味最丰富的人生。

比尔·福特的讲演，给福特公司的百年传奇做了最好的总结和回顾。福特的传奇，也是一种美国精神的最好注脚——富于冒险精神，永不言放弃！

英国前首相丘吉尔的最后一次演讲。是在剑桥大学的一次毕业典礼上，上万名学子见证了这个传奇人物的风采。他走上讲台，慢慢脱下大衣，摘下帽子，然后默默地注视所有的听众，足足过了一分钟后，丘吉尔只说了一句话：

"Never give up！"（永不放弃）

丘吉尔说完后穿上大衣，戴上帽子，离开了会场。

整个会场都惊呆了，很多人还等着丘吉尔说出下文，他们从来不知道世界上还存在这么简短又这么令人热血沸腾的演讲。过了很久，会场突然爆发出雷鸣般的掌声。大家都领悟到一个道理——永不放弃！永不放弃有两个原则，第一个原则是：永不放弃，第二原则是当你想放弃时回头看第一个原则。

永不放弃！这是福特公司传达给我们的正能量，这也是所有有梦想的人，应该时刻牢记的人生箴言。

第五节　难以预知的未来

> 现实是此岸，理想是彼岸。中间夹着湍急的河流，而行动就是架在河流上的桥梁。理想一旦付诸行动，无论实现与否，都神圣无比。
>
> ——普罗克特

如今，在美国市场，福特汽车的市场占有率跌到了10%，是该公司从1920年以来的最低市场占有率。其占据的世界第二大汽车制造商的位置，也在2013年拱手让给丰田汽车公司。另外，由于受到亚洲汽车制造商的冲击，福特在欧洲以及亚洲等新兴市场也举步维艰，给福特公司的发展蒙上了一层阴影。

对于家族企业来说，企业的命运与这个家族的领导者息息相关。

对于福特来说，亨利·福特、亨利·福特二世和比尔·福特是三个最关键的家族领导者。他们都经历了企业的辉煌，也都遭遇过困境。

亨利·福特缔造了这个伟大的企业，也曾经几乎将其毁掉。晚年的老福特被荣誉冲昏了头脑，开始变得独断专行，公司的一切决定都由他一人说了算。这种家长式的领导体制造成公司管理的极度混乱。由于任人唯亲，在公司担任高级职员的500余人中竟没有一名大学毕业生；设备、厂房陈旧，无人过问技术更新，财务报表像杂货店账本一样原始，没有预算决算，甚至早已死亡的职工名字还列在工资单上吃着空饷。

在产品更新换代和企业管理上，老福特更是因循守旧、部步自封。在T型车问世的19年里，他一直以这单一的车型维持市场。就在福特公司停滞不前时，通用汽车公司迅速赶超了上来。1928年，福特公司无可奈何地让出了世界汽车销量第一的宝座。1929年，福特在美国汽车市场的占有率为30%，到1940年，竟跌至不到20%。

当福特公司的发展再次处于高峰时，亨利·福特二世又犯了他祖父曾经犯过的错误，甚至走得更远：专横和猜疑。

他认为公司的生产、经营诸环节已经理顺，自己已经"毕业"了，若再留用公司复兴的功臣，他们迟早有一天会"功高盖主"。1960年，他对布里奇说："我的朋友，告诉你一个好消息，我已经毕业了。"

布里奇很识相，趁机隐退，不久就离开了福特公司。为福特公司的兴旺立下汗马功劳的10位"神童"，后来纷纷离去，最后只剩下一人。

1968年，福特二世采取突然袭击的办法，把公司里一直干得很好且很有威望的总经理米勒给解雇了，由被他招聘过来的通用公司副经理诺森接替。诺森在福特公司才上任不到两年，也如前任一样，被炒了鱿鱼，由艾克卡取代。然而，艾克卡也遭到了福特二世的猜疑和妒忌，后来也被无情地解雇。走马灯似的换将并没有给公司带来好运，相反，带来的是管理的混乱和决策的游移不定。

亨利·福特二世的所作所为给福特公司带来了巨大的灾难。当时，克莱斯勒正处于困境中，濒临破产的边缘。被福特解雇后第18天，艾克卡被聘为克莱斯勒的总经理，随后几乎凭借一己之力让克莱斯勒起死回生。亨利·福特二世就这样为福特公司造就了一个强大的竞争对手。

与曾祖父和叔父比起来，在某些方面，比尔·福特有着与生俱来的优势。他善于倾听，善于抛砖引玉，得到及时的意见和反馈。他全然没有上下级观念，单独会见基层管理人员，有时会不打招呼地参观某条生产线。他总是在公司餐厅里吃午饭，与员工们一道排队。

在一次公司大会上，比尔为了鼓舞士气，给大家讲了一个淘金者的故事：

阿拉斯加的金矿大王约翰逊接受记者访问时，说出这句莎士比亚的名言。"斧头虽小，但多劈几次，就能将坚硬的树木伐倒。"

"请问你致富的秘诀是什么？"记者问。

"我想，是一种运气吧！"

"运气？"记者疑惑着。

"记得当时，我无意间在荒废的矿区发现一把生锈的十字镐插在泥土中。我只是用力把十字镐摇动几下，然后拔起，没想到十字镐下有许多金矿，因此发现了矿床。"约翰逊笑着说。

"假如，那个十字镐的主人，能够再稍微坚持一下，挥动一下十字镐，那么，如今的金矿大王，或许就是这个人了。"约翰逊强调说。

比尔讲完了这个故事，然后动情地说："这就是我想告诉大家的，有时，成功就在我们眼前，但却被我们所忽略，以致最终丧失。把握眼前，坚持做好每件事，那么成功会离我们越来越近。要知道，可怕的未来也要比没有未来好！而我们要做的，不过是像那个淘金者一样，在困境中，坚持一下，再坚持一下！"

比尔·福特已经别无选择，重振福特公司就是他的使命。他说："未来是不可选择的。我只想让公司成功，如果我们在路上跌倒了，我将会是头破血流也要坚持下去的那一个。"

2013年，在庆祝福特公司110年华诞之时，福特家族一致表示："福特不仅仅要庆祝历史，更要创造历史——新福特公司的历史。"

和创造世界名牌的人一起放飞梦想

Let the dream fly

结　语

大浪淘沙，在全球工业迅猛发展的今天，福特汽车公司作为百年企业，历尽沧桑仍然屹立，这本身就是一个奇迹。

100年前，亨利·福特萌发了为每个平民提供一辆买得起的汽车的想法，在不懈努力下，他把梦想变成现实，也用他的梦想照亮了别人，人们会牢记一个把脚踏在民间的汽车大王。

福特公司的经历让每个了解它的人百感交集，有欣喜也有叹息。最初那个勇于实验把自己弄得伤痕累累的孩子，在屡屡受挫之后建立了一个汽车帝国。同样是那个孩子，在风光无限之时又遭遇各种各样的挑战，几度浮沉。

我们记得亨利·福特为实现梦想时的百折不挠，也要记得创业成功之后亨利·福特的专制与保守，这就是一个真实的传奇，它没有粉饰，不是童话里披荆斩棘的王子，永远过着幸福的生活。

亨利·福特的成功与失败都取决于他自己的内心世界，那里面住着很多个亨利·福特，进取与封闭，独断与温柔，理性与盲目，慷慨与诗意，等等。这些人格的侧面，让亨利·福特难以寻求到平衡，所以亨利·福特这一生最好的朋友是自己，最大的敌人也是自己。

如果他不听命于进取的自己，他就会变成第二个威廉·福特，成为一个庄园主，与鸡鸭猪羊为伍，而我们也就无从认识他。如果他不听命于那个独断的自己，他就不会恶作剧地毁灭儿子和工程师们的心血，把超前的发明弃若敝屣。如果他不是诗意的，我们就看不到那本发黄的画册，看不到一个孩子细腻的心理。如果他不是慷慨的，我们就不会从一袋花生种子的故事里感受到一抹人性的温情。

所以，人一生中要做的，就是读懂你自己，超越你自己。

汽车大王亨利·福特，以及百年福特的命运告诉我们：你身在何方不重要，重要的是你将要去向何方。没有目标的远航，任何方向的风都是逆风；再遥远的旅程，只要内心坚定目标明确，任何环境都会顺风顺水。

当然，当你成功的时候，不要忘了还有人向上攀登；当你失意的时候，也要记得，向上的路永远都在脚下。

并且，在纷繁的世事中，别忘了给自己留一个精神的后花园，保护好你最初纯真的梦。